Gerda Pighin

Spaß mit Förderspielen

Für Kinder von 0 bis 3 Jahren

Bibliografische Information der Deutschen Bibliothek
Die Deutsche Bibliothek verzeichnet diese Publikation in der Deutschen Nationalbibliografie; detaillierte bibliografische Daten sind im Internet über http://dnb.ddb.de abrufbar.

© 2008 Urania Verlag
in der Verlag Kreuz GmbH
Postfach 80 06 69, 70506 Stuttgart

www.urania-verlag.de

Umschlaggestaltung: Behrend & Buchholz, Hamburg
Titelfoto: Kraig Scarbinsky / Getty Images
Produktion: Medienprojekte München
Illustrationen: Medienprojekte München
Redaktion: Cornelia Osterbrauck, Ulrich Grasberger
Printed in Germany

ISBN 978-3-7831-6081-9

Inhalt

Drittes Kapitel
Siebter bis neunter Monat   25

Viertes Kapitel
Zehnter bis zwölfter Monat 35

Fünftes Kapitel
Das zweite Lebensjahr 45

Sechstes Kapitel
Das dritte Lebensjahr 63

Erstes Kapitel

Die ersten drei Monate

Das Kind ist geboren. Mit seinem ersten Schrei hat es die Umwelt auf sich aufmerksam gemacht. So, als wollte es sagen: „Jetzt bin ich da. Nehmt mich an!" Für die Eltern ist das der glücklichste Moment. Ein Augenblick, auf den sie neun Monate lang gewartet haben.

Was wird wohl aus diesem winzigen Wesen einmal werden? Ein Teil der Antwort steht schon bei der Geburt fest, auch wenn sie niemand kennt. Denn jedes Kind wird mit vielen verschiedenen Anlagen geboren. Alles, was aus ihm werden könnte, bringt es praktisch schon mit auf die Welt. Was letztendlich aber wirklich daraus wird, welche Anlagen sich entwickeln, welche verkümmern, hängt davon ab, wie es versorgt, erzogen, gefördert wird.

Als Mutter und Vater haben Sie die Möglichkeit, Ihrem Kind die Hilfestellung zu geben, die es braucht, um groß zu werden, sich zu entwickeln und zu entfalten. Das fängt gleich nach der Geburt an. Doch keine Angst: So schwer, wie es vielleicht am Anfang aussehen mag, ist es nicht. Denn ein Kind bringt nicht nur Anlagen mit auf die Welt, sondern auch eine ganze Menge Fähigkeiten. Ein Neugeborenes ist keineswegs das passive und handlungsunfähige Wesen, für das es über Jahrhunderte hinweg gehalten wurde – im Gegenteil. Es hat bereits eine Reihe ganz erstaunlicher körperlicher und sozialer Fähigkeiten. So ist es etwa in der

Lage, selbst dafür zu sorgen, dass sein Körper sich dem Leben außerhalb des Mutterleibs anpasst. Eine gewaltige Leistung, denn es muss von einer Minute zur anderen von einem Leben im Wasser auf das an der Luft umschalten. Und sofort nach der Geburt nimmt es Kontakt zu seinen Eltern auf. Es schaut die Mutter an, wenn es nach der Geburt auf ihrem Bauch liegt, öffnet nach ein paar Minuten den Mund, sucht die Brust, an der es trinken möchte. Ein wichtiger Moment, in dem die Beziehung zwischen Mutter und Kind die erste feste Bindung erhält. Kaum geboren, können Babys ihre Bedürfnisse zeigen, ihre Umgebung auf sich aufmerksam machen und dazu bringen, das zu tun, was sie fürs Überleben brauchen. Wenn Sie als Mutter oder Vater auf diese Signale achten, wenn Sie nicht einem bestimmten Wunschbild nachhängen, wie Ihr Kind sein soll, sondern offen sind, seine Eigenarten und Bedürfnisse zu akzeptieren und ihnen nachzugeben, werden Sie in den ersten Monaten automatisch alles richtig machen. Bei allem, was Sie jetzt mit Ihrem Kind tun, lernt es. Egal, ob Sie mit ihm spielen, schmusen, es füttern, mit ihm reden, singen oder baden.

Alle Fähigkeiten und möglichen Talente, die Ihr Kind später im Leben auszeichnen können, schlummern gleichsam von Anfang an im Verborgenen in Ihrem Kind. Es gilt sie mit wachsamen Augen auch wirklich zu erkennen und von Beginn an entsprechend zu fördern.

Was jetzt im Körper passiert

Mit dem ersten Schrei im Leben setzt beim Neugeborenen die Lungenatmung ein. Während der Schwangerschaft hat es den nötigen Sauerstoff aus dem mütterlichen Blut über die Nabelschnur bekommen. Gleich nach der Geburt entfalten sich die Lungenbläschen, es atmet jetzt selbst. Im Schlaf atmet es rund 40-mal in der Minute, also sehr schnell. Im wachen Zustand, wenn es sich bewegt, schreit, freut oder Kummer hat, kann die Atemfrequenz erheblich schneller sein.

In den ersten Wochen nach der Geburt stellt sich auch der Blutkreislauf um. Das Blut läuft ja jetzt nicht mehr über die Nabelschnur, sondern nimmt seinen eigenen Weg durch Herz und Lunge. Die Hauptverbindung des Lungen- und Körperkreislaufs schließt sich. Das Herz schlägt noch sehr schnell – 100- bis 140-mal in der Minute (im Wachzustand kann es auch schneller sein).

Höchstleistung des Stoffwechsels in den ersten Monaten

Auch der Stoffwechsel des Säuglings muss in den ersten Lebensmonaten besonders viel leisten. Die Versorgung mit Nährstoffen geht nicht mehr automatisch über das mütterliche Blut. Ein Kind wächst jetzt so schnell wie nie wieder in seinem Leben. Bereits in den ersten sechs Lebensmonaten verdoppelt es sein Körpergewicht (am Ende des ersten Lebensjahres hat es sich verdreifacht). Das bedeutet, dass Ernährung und Flüssigkeitszufuhr in diesen ersten Monaten besonders wichtig sind. Ein Säugling braucht pro Tag siebenmal so viel Flüssigkeit wie ein Erwachsener, nämlich 150 Milliliter pro Kilogramm Körpergewicht.

Muttermilch – die optimale Ernährung für Ihr Kind

Die beste Versorgung für Ihr Baby ist die Muttermilch. Sowohl Nährstoffe als auch Flüssigkeitsmenge sind genau abgestimmt.

Besonders empfindlich ist in den ersten Monaten das Verdauungssystem. Die Darmschleimhaut reift erst langsam zu ihrer vollen Leistung. Deshalb ist die Ernährung mit Muttermilch oder, falls Sie aus irgendeinem Grund nicht stillen können, einer passenden künstlichen Säuglingsmilch und der langsame Übergang (etwa ab dem vierten bis sechsten Monat) zur Babynahrung so wichtig.

Schenken Sie so viel Nähe wie möglich

Die ganze Schwangerschaft hindurch war Ihr Kind bestens geschützt, doch nach der Geburt muss es alles allein bewältigen. Wie gut tut es da, wenn die wohl vertraute Stimme und der Herzschlag der Mutter wieder ganz nah am Ohr ist und Ihr beschützender Körper bei der Arbeit mit der eigenen Körperwärme hilft! Wenn Sie Ihr Kind nah am Körper tragen, können Sie zu jeder Zeit leicht die Körpertemperatur Ihres Kindes überprüfen.

Zu den größten Schocks bei der Geburt gehört der Kälteschock. Neun Monate war das Baby in einer gleich bleibenden Temperatur von rund 37 Grad warm eingehüllt. Jetzt muss der kleine Körper selbst dafür sorgen, dass er nicht zu kalt wird. Das ist besonders wichtig, denn die gleich bleibende Körpertemperatur ist für alle Lebensfunktionen notwendig. Doch bis die automatische Regelung gelingt, vergehen ein paar Wochen. Das heißt für Sie als Eltern: In den ersten Wochen nach der Geburt müssen Sie Ihr Baby vor Abkühlung, aber auch vor Überhitzung sorgfältig schützen.

Wie sich die Sinne entwickeln

Nicht jedes Schreien oder Weinen Ihres Babys bedeutet gleich, dass es Schmerzen verspürt. Ihm stehen halt noch nicht viele Ausdrucksmöglichkeiten zur Verfügung. Aber mit der Zeit lernen Sie die feinen Nuancen von einfachem Unwillen bis hin zu wirklichen Schmerzen zu unterscheiden.

Jeder Mensch bekommt aus seiner Umwelt ständig Informationen. Er muss einerseits diese Informationen aufnehmen, sie sortieren, ordnen und darauf reagieren können. Andererseits braucht er auch die Möglichkeit, selbst auf die Umwelt einzuwirken.

Um Informationen aufzunehmen, hat der Mensch die Sinne: Hören, Riechen, Sehen, Schmecken, Tasten. Verarbeitet werden die Informationen vom Nervensystem. Beides – Sinne und Nervensystem – entwickeln sich, zum Teil schon vor der Geburt, in engem Zusammenhang.

Die am besten entwickelten Sinnesorgane bei der Geburt sind die Haut (mit dem Tastsinn) sowie der Lage- und Bewegungssinn. Mit der Haut lassen sich unterschiedliche Temperaturen, Schmerz und Tastreize spüren. Schmerzen empfinden Säuglinge allerdings nicht sofort. Das liegt daran, dass die Leitungen (Nerven), die den Impuls ans Gehirn weitergeben, noch nicht so schnell sind wie beim älteren Kind oder Erwachsenen.

Auch Temperaturunterschiede spüren Säuglinge erst dann, wenn sie mindestens fünf Grad betragen. Das kann gefährlich werden. Denn eine Reaktion auf zu große Hitze oder Kälte kommt erst, wenn die noch sehr empfindliche und verletzliche Haut schon Schaden genommen hat.

Fortschritte beim Riechen, Schmecken, Hören und Sehen

Der Tastsinn hingegen ist bereits bei der Geburt optimal entwickelt. Das spüren Sie als Mutter oder Vater, wenn Sie Ihr Baby eng an Ihren Köper schmiegen. Es reagiert gut gelaunt und entspannt auf diese Berührung.

Neugeborene können auch schon riechen und schmecken. Zwar sind diese Sinne direkt nach der Geburt noch nicht so ausgeprägt wie einige Monate später. Doch schon nach sechs bis acht Tagen kann ein Neugeborenes seine Mutter am Geruch von einer fremden Person unterscheiden. Hören kann das Baby bereits im Mutterleib. Kurz nach der Geburt wirkt es allerdings meist etwas schwerhörig. Das liegt daran, dass Hören im Mutterleib etwas anders funktioniert.

Bisher war es von Wasser umgeben, jetzt kommen die Schallreize durch die Luft. Hinzu kommt, dass nach der Geburt die Gehörgänge oft noch eine Weile mit Flüssigkeit – abgestorbenen Hautzellen aus dem Fruchtwasser und Ohrenschmalz – verstopft sind (das verschwindet aber von allein). Doch schon nach ein paar Wochen werden Sie feststellen, dass Ihr Kind den Kopf nach Ihnen dreht oder zusammenzuckt, wenn Sie es ansprechen oder wenn es ein anderes Geräusch wahrnimmt.

Lange Zeit wurde angenommen, dass Neugeborene nichts sehen können. Das stimmt nicht. Zwar hat der Säugling noch nicht seine volle Sehschärfe und ist weitsichtig, weil die Entwicklung der Netzhaut und des Augapfels noch nicht abgeschlossen ist. Doch kann bereits das Neugeborene einen Gegenstand (oder ein Gesicht) für kurze Zeit fixieren. Im zweiten Monat macht es das dann spontan. Zu diesem Zeitpunkt beginnt auch das räumliche Sehen. Farben und Helligkeitsunterschiede nimmt das Neugeborene vermutlich nur schwach wahr. Aber bereits nach acht bis zehn Wochen mag es eindeutig lieber bunte Sachen; es kann also Farben erkennen. Und es kneift die Augen zusammen und macht ein unglückliches Gesicht, wenn es direkt in helles Licht schaut.

Die Nervenzellen beginnen sich zu verknüpfen

Das Nervensystem, das komplizierteste Organ des Menschen, ist beim Neugeborenen noch nicht ganz fertig. Die Nervenzellen sind zwar fast vollzählig vorhanden, auch einige wichtige Verbindungen sind da, etwa vom Rückenmark zu den Organen und Muskeln oder von den Sinnesorganen zum Zentralnervensystem.

Was aber fehlt, sind die vielen kleinen Leitungen zwischen den einzelnen Nervenzellen, die es dem Menschen erst möglich machen zu denken, koordiniert zu handeln und sich optimal zu bewegen. Diese „Schaltungen" bilden sich in den ersten beiden Lebensjahren aus, während die endgültige „Verdrahtung" etwa mit dem dritten Lebensjahr abgeschlossen ist. Durch den Umgang mit dem Kind in der Familie erfährt dieser Entwicklungsprozess die nötige Unterstützung in Form von geistiger Anregung sowie von sozialen Kontakten und Bewegung.

Kinder wollen und brauchen Anregungen

Aufmerksame und liebevolle Eltern werden bemerken, wie ihr Kind nahezu jeden Tag Fortschritte in seiner Entwicklung macht und ständig etwas Neues hinzulernt. So werden zum Beispiel seine Bewegungen koordinierter oder der Kontakt mit der Umwelt wird intensiver. Sie können feststellen, wie sehr Ihr Kind von sich aus daran interessiert ist, Neues wahrzunehmen. Dabei braucht es Ihre Unterstützung und die der restlichen Familie, denn nur so kann es sich optimal entwickeln. Öffnet es gleichsam ein Fenster und nichts ist davor, wird es das Fenster wieder schließen und nicht so schnell wieder öffnen.

Was Ihr Kind jetzt braucht

Nahrung, Schlaf, Bewegung, frische Luft, Zuwendung und geistige Anregung sind die Dinge, die Ihr Baby in den ersten Lebensmonaten am dringendsten braucht. Am Anfang ist es wahrscheinlich für Sie gar nicht so einfach herauszufinden, was es gerade will. Doch um eines müssen Sie sich keine Sorgen machen – dass Sie nicht merken, wann es etwas haben möchte. Denn jedes gesunde Kind hat die Fähigkeit, seine Bedürfnisse zu spüren und mitzuteilen – und zwar von Geburt an. Es wird immer mit Unruhe oder Schreien reagieren, wenn es etwas braucht. Sie müssen nur noch herausfinden, was es ist. Ob es Hunger hat, getragen werden möchte, eine saubere Windel benötigt, ihm kalt oder zu warm ist, ob es schlafen oder mit Ihnen spielen will. Ihr Kind zeigt Ihnen auch, wann es genug hat. Was Sie tun müssen, ist sensibel sein, auf die Signale achten und sie richtig deuten. In den ersten Wochen nach der Geburt ist das bestimmt keine leichte Aufgabe. Denn die ganze Situation ist auch für Sie noch neu. Auch Eltern müssen sich umstellen, müssen das neue Familienmitglied, die Beziehung zueinander, die Aufgaben und Pflichten der Babypflege, erst einmal in ihren Tagesablauf einbauen. Aber je besser Sie auf Ihr Baby eingehen können, desto schneller werden Sie die unterschiedlichen Bedürfnisse voneinander unterscheiden können.

Körperliche und seelische Bedürfnisse im Lot

Und noch eine Sorge können Sie beiseite legen: dass Ihr Baby zu viel von Ihnen verlangt (wenn es Ihnen in den ersten stressreichen Wochen nach der Geburt auch manchmal so vorkommen mag). Denn das System von Bedürfnissen und ihrer Befriedigung reguliert sich beim Säugling selbst. Das heißt, er wird nur dann etwas verlangen, wenn er es wirklich braucht, und er wird nur so viel verlangen, wie er braucht. Das gilt für die körperlichen Bedürfnisse, wie Trinken oder Schlafen, ebenso wie für die seelischen, wie Spielen oder Schmusen. Erst größere Kinder, die sich ihrer selbst bewusst sind, können manchmal zu viel verlangen und müssen dann in ihre Schranken verwiesen werden. In den ersten Monaten kann man sich ohne Gefahr vom Säugling führen lassen und ruhig allen seinen Wünschen nachgeben.

Ihr Kind zeigt Ihnen deutlich, wann es Freude oder vielleicht Unbehagen empfindet. Und mit der Zeit wird es für Sie immer leichter, die entsprechenden Zeichen zu deuten.

Die besten Förderspiele

In den ersten Wochen werden Sie mit Ihrem Kind noch relativ wenig Zeit mit Spielen verbringen. Es schläft 15 bis 16 Stunden am Tag. Dazwischen – ungefähr in einem Vierstundenrhythmus, ohne Rücksicht auf Tag oder Nacht – will es gefüttert, gebadet, frisch gewickelt und ausgefahren werden. Trotz dieser scheinbar „langweiligen" Zeit braucht es aber schon jetzt Anregungen und Zuwendung. Es interessiert sich bereits für seine Umwelt. Zwar kann es selbst noch nicht aktiv werden, etwa einen Gegenstand in die Hand oder in den Mund nehmen, doch es macht ihm Freude, etwas anzuschauen, herumgetragen, gewiegt, gestreichelt und berührt zu werden. Und all das fördert die Entwicklung seiner Sinne, seiner geistigen und körperlichen Fähigkeiten. Für die nachfolgenden Spiele brauchen Sie keine Extrazeit. So können Sie beim Wickeln, Füttern oder Baden mit dem Kind spielen. Wenn sich zwischendurch mal einige ruhige Minuten ergeben, ist es umso besser. Eine „Spielstunde" mit dem Baby dauert in den ersten Monaten sowieso nicht länger als höchstens 15 Minuten, weil es schnell wieder müde wird.

Massage

Berührung und Hautkontakt ist für ein Baby lebenswichtig. In vielen Ländern, besonders in tropischen, gehört die Baby-Massage zur ganz normalen Pflege. Die Menschen vermuten, dass das Baby dadurch stärker wird. Wahrscheinlich haben sie Recht, denn mittlerweile weiß man auch bei uns, dass sich beispielsweise früh geborene Kinder besser entwickeln, wenn sie regelmäßig sanft massiert werden. Sie können Ihrem Baby also nur Gutes tun, wenn Sie es massieren.

Am besten setzen Sie sich dazu bequem auf den Boden und legen Ihr Baby auf Ihre Beine. Im Zimmer sollte es sehr warm sein. Mit einem guten Öl, das ebenfalls angewärmt sein soll (ebenso wie Ihre Hände), reiben Sie Ihr Baby sanft von den Schultern abwärts bis zu den Zehen ein. Es reicht ganz wenig Öl, sodass nur ein dünner Film auf der Haut ist. Das Gesicht nicht einölen. Dann massie-

Bei einer Spieldose werden gleich mehrere Sinne angesprochen und auch geschärft: das Gehör und die Augen. Fasziniert wird Ihr Kind jeder Drehung der Figur folgen und der Musik lauschen.

ren Sie sanft und leicht (aber auch nicht zu leicht) den kleinen Körper von oben nach unten. Erst die Brust, die Arme und die Hände, dann den Bauch, die Beine und die Füße. Am Gesicht Ihres Kindes können Sie ablesen, ob es ihm gefällt und gut tut. Danach legen Sie das Baby auf den Bauch, quer über Ihre Beine, und massieren den Rücken. Mit sanften Händen streichen Sie auf und ab, und am Schluss kommen einige streichende Griffe von oben nach unten. Das ist sehr entspannend.

Eine Bauchmassage ist besonders gut, wenn Ihr Baby Blähungen hat: Sie beginnen auf der rechten Seite und ziehen die Hände stetig streichend nach links über den ganzen Bauch. Das wiederholen Sie mehrmals.

Mit der Babymassage können Sie beginnen, sobald das Kind vier Wochen alt ist. Wenn Sie genügend Zeit haben, sollten Sie Ihr Kind einmal täglich massieren. Reicht Ihnen die Zeit nicht, so bringt eine gelegentliche Massage auch etwas. Auf jeden Fall ist eine seltene, aber liebevolle Massage besser als eine, die in Hektik und Unruhe ausgeführt wird.

Badespaß

Die meisten Kinder haben von Anfang an großen Spaß am Baden. Kein Wunder, schließlich sind sie neun Monate lang im warmen Wasser der Fruchtblase geschwommen. Ein Element also, das nicht nur dazu da ist, den Körper zu reinigen. In der Badewanne lassen sich auch mit ganz

kleinen Kindern schon lustige Spiele veranstalten: Legen Sie Ihr Kind auf Ihre flache Hand und „schubsen" Sie es so ein wenig weg von sich. Dann ziehen Sie es wieder langsam heran, dann schubsen Sie es wieder weg. Auch lustige bunte Entchen oder anderes Badespielzeug wie flache Plastikboote sind schon für ganze Kleine etwas. Solange sie selbst noch nicht greifen können, schauen sie den schwimmenden Gegenständen aufmerksam nach.

Musik

Ihr Baby liebt jede Geräuschart – wenn sie nicht so laut ist, dass es erschrickt. Singen Sie ihm deshalb Lieder vor. Es kommt nicht darauf an, ob Sie besonders gut singen können. Sie werden auch mit „schlechter" Stimme das musikalische Talent Ihres Kindes nicht verderben. Wenn Sie singen, hat das Baby über sein Gehör Kontakt mit Ihnen. Es schärft seine Sinne, bekommt ein Gefühl für Rhythmus. Singen können Sie immer. Wenn Sie das Baby wickeln oder baden, wenn Sie mit ihm spielen oder Gymnastik machen, wenn Sie es herumtragen, wiegen oder massieren. Aber auch andere Geräusche sind Musik in Babys Ohren. Beispielsweise eine Spieluhr, die über seinem Bettchen hängt, eine Rassel oder ein Glockenspiel. Und natürlich auch Musik aus dem Radio oder vom Kassettenrecorder.

Klangspiele

Nehmen Sie verschiedene Geräuschquellen, zum Beispiel eine Rassel, einen Schlüsselbund und Ihre Finger, mit denen Sie schnippen. Machen Sie dann abwechselnd damit Geräusche. Einmal vor dem Gesicht des Babys, danach auf der einen Seite und dann auf der anderen Seite, zuletzt hinter dem Kopf und wieder vor dem Gesicht. Vielleicht dreht es schon den Kopf danach?

Greifen

Legen Sie einen Finger in die Handfläche des Babys. Es wird sofort fest zugreifen. Das ist ein Reflex, der sich erst im Laufe der ersten Monate verliert. Dennoch macht dem Kind dieses Berührungsspiel Spaß. Wenn Sie dabei das Gesicht nahe an sein Gesicht halten und lächeln, freut es sich besonders. Im zweiten Monat wird es zum ersten Mal zurücklächeln.

Ein großartiges Erlebnis für Sie als Mutter und ein wichtiger sozialer Entwicklungsschritt für Ihr Baby.

Mobile

In den ersten Lebensmonaten freut sich Ihr Kind über alles, was sich bewegt. Am liebsten sieht es Gesichter. Das der Mutter ist natürlich absoluter Favorit. Über dem Bettchen lassen sich gut bewegliche Dinge aufhängen, die Ihr Kind in aller Ruhe betrachten kann: zum Beispiel ein aufgeblasener Luftballon, der mit einem Gesicht bemalt ist, bunte Bänder, die an einer Leiste oder an einem Ring befestigt sind, verschiedene Gesichter auf Karton oder Sperrholzplatten gemalt und in unterschiedlichen Höhen aufgehängt, bunte Kugeln, die zu einem Mobile zusammengehängt sind. Wechseln Sie ab und zu das Material aus, damit das Kind immer wieder etwas Neues zu sehen bekommt.

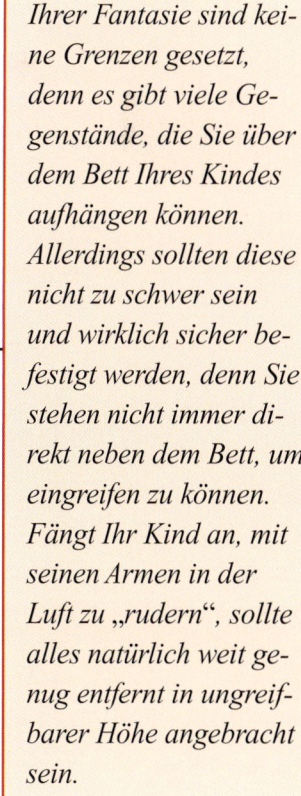

Achten Sie auf die nötige Sicherheit

Ihrer Fantasie sind keine Grenzen gesetzt, denn es gibt viele Gegenstände, die Sie über dem Bett Ihres Kindes aufhängen können. Allerdings sollten diese nicht zu schwer sein und wirklich sicher befestigt werden, denn Sie stehen nicht immer direkt neben dem Bett, um eingreifen zu können. Fängt Ihr Kind an, mit seinen Armen in der Luft zu „rudern", sollte alles natürlich weit genug entfernt in ungreifbarer Höhe angebracht sein.

Turnen

Nehmen Sie die Hände Ihres Babys und breiten Sie seine Arme nach den Seiten aus – ganz sanft natürlich. Kreuzen Sie sie über seiner Brust, und breiten Sie sie dann wieder auseinander. Führen Sie die Hände über den Kopf senkrecht in die Höhe. Machen Sie auch gegenläufige Bewegungen mit den Armen: einen Arm nach oben, den anderen nach unten. Einen auf die Brust, den anderen nach außen. Am Ende kreuzen Sie beide Arme über der Brust. Danach kommen die Füßchen dran: strecken, beugen und spreizen, gleichzeitig und gegenläufig. Immer mehrmals in alle Richtungen. Spüren Sie einen Widerstand, hören Sie damit auf.

Babys lieben Bewegung und Kontakt – beides gibt es beim gemeinsamen Herumtoben. Allerdings muss für diesen Spaß die Halsmuskulatur schon gefestigt sein und Ihr Baby seinen Kopf selbst halten können.

Figuren

Schon nach einer Lebenswoche können Sie Ihr Baby damit erfreuen, wenn Sie ihm etwas zum Schauen bieten. Halten Sie bunte Gegenstände vor sein Gesicht, zum Beispiel einen knallroten kleinen Ball, eine grüne Rassel, ein blaues Püppchen. Zappelt es mit Händen und Füßen und fixiert den Gegenstand? Dann macht ihm das Spiel Spaß.

Gesichter malen

Das können Sie beim Wickeln machen: Sie „malen" das Gesicht Ihres Babys mit dem Finger nach, sanft und streichelnd. Die Augenbrauen, Nase, Oberlippe, Unterlippe, Wangen, Kinn und Ohren. Zum Abschluss einmal mit der ganzen Hand ums Gesicht streicheln. Dabei können Sie ein Liedchen singen oder einfach die entsprechenden Gesichtsteile benennen: Das sind deine Augenbrauen, Wangen, Ohren ...

Grimassen

Sie beugen Ihr Gesicht ganz nah zum Gesicht Ihres Babys. Schauen Sie es eine Weile nur an. Dann verziehen Sie Ihren Mund, erst zu einem Lächeln, dann zu einer Grimasse, wobei Sie die Nase kraus ziehen und die Zunge herausstrecken, eines nach dem anderen. Lassen Sie dem Baby genug Zeit, Ihr jeweils verändertes Gesicht genau anzuschauen. Es wird auch sein Gesicht verändern, selbst ein klein wenig Grimassen ziehen.

Sitzen

Natürlich kann Ihr Baby jetzt noch nicht richtig sitzen. Das sollte es auch noch nicht. Doch was ihm Spaß macht: Wenn Sie es an den beiden Armen nehmen und ein wenig hoch ziehen. In den ersten vier Wochen muss das besonders behutsam geschehen, denn da bleibt der Kopf noch nach hinten hängen – also nicht zu hoch ziehen. Aber schon im dritten Monat hebt es den Kopf schon selbst einen Moment hoch. Die Halsmuskulatur ist stärker geworden.

Zweites Kapitel

Vierter bis sechster Monat

Jetzt lernt Ihr Baby fast jeden Tag etwas Neues hinzu. Die Bewegungen werden koordinierter, der Kontakt mit der Umwelt differenzierter. Aufmerksame Eltern können feststellen, wie sehr ihr Kind daran interessiert ist, vorwärts zu kommen, seine Fähigkeiten auszubauen. Es übt und übt. Manchmal mag das etwas zufällig aussehen, doch bei genauer Beobachtung stellt man fest, dass jede Bewegung, jedes „Kunststück", das dem Baby gelungen ist, von ihm voller Freude immer und immer wiederholt wird.

Was Ihr Kind jetzt schon alles kann

Im **vierten Monat** probiert es ständig seine Muskeln aus. Wenn es auf dem Bauch liegt, streckt es Arme und Beine aus, hebt den Kopf, zieht die Schultern zurück und macht regelrechte Schwimmbewegungen. Der ganze Körper schaukelt oft auf dem Bauch.

Zieht man es an den Händen nach oben, geht der Kopf mit. Der ganze Körper ist dabei angespannt, das Kind wirkt sehr konzentriert. Die Muskeln, die den Kopf halten, sind jetzt schon viel kräftiger. Hält man das Baby etwa im Sitzen in einer seitlichen Lage, bleibt der Kopf gerade. Die Bewegung wird ausgeglichen.

Es strampelt kräftig mit den Beinen, streckt sie manchmal aus oder stellt sich ganz fest darauf, wenn es gehalten wird. Das sind wichtige Übungen fürs spätere Laufenlernen. Und noch einen bedeutenden Entwicklungsschritt macht das Baby jetzt: Es kann seine Hände über der Mitte seines Körpers zusammenbringen. Diese Fähigkeit löst eine ganze Reihe neuer Interessen bei ihm aus. Es kann jetzt nämlich seine Hände betrachten, was es auch ausgiebig über den Tag hinweg tut, und mit seinen Fingern spielen.

Die Bewegung der Hand in den Mund übt es unentwegt, denn über Hand und Mund lernt es seine Umwelt zu „begreifen". Da ist kein weiter Weg mehr, Spielzeug, das ihm in die Hand gegeben wird, in den Mund zu stecken. Und durch das prüfende In-den-Mund-Stecken lernt das Baby Eigenschaften wie hart und weich, glatt und rau, warm und kalt kennen und unterscheiden.

Jetzt hört die Mutter ihr Baby auch zum ersten Mal richtig laut lachen. Es hat sich aus dem Lächeln der vorigen

Monate entwickelt. Je mehr Grund ein Baby zum Lächeln hatte, desto lustvoller und lauter wird es jetzt auch seiner Freude Ausdruck geben. Hinzu kommen die ersten Brabbellaute – ein Juchzen, Prusten und Blasen – , die es über den Tag hinweg ständig wiederholt.

Die Eltern können in aller Regel jetzt schon sehr gut unterscheiden, was ihr Baby möchte, wenn es weint. Aber auch das Baby selbst hat sein Weinen verändert. Ist es ärgerlich oder gar wütend, dringt das entsprechende Geschrei durchs ganze Haus. Hat es Schmerzen, hört es sich wieder anders an. Ebenso, wenn es Hunger hat oder eine frische Windel braucht. Sowohl beim Lachen wie beim Weinen hat das Kind jetzt viel bessere und differenziertere Möglichkeiten sich auszudrücken.

Im **fünften Monat** unterbricht das Baby seine Bauchschaukelbewegungen oft dadurch, dass es einen oder beide Arme aufstützt. Der Kopf ist kräftig genug, um oben zu bleiben. Jetzt kann es schon viel mehr von seiner Umgebung sehen. Und es betrachtet alles um sich herum auch sehr ausgiebig. Da kann es natürlich passieren, dass es wieder zusammenplumpst, wenn es etwas über seinem Kopf zum Anschauen gibt. Es stützt sich auf die Arme und dreht den Kopf so weit herum, bis es umkippt – und völlig unerwartet auf den Rücken rollt. Aber auch diese Bewegung übt es weiter, macht sie immer wieder, wenngleich es sich von allein nicht mehr auf den Bauch drehen kann.

Ziehen Sie Ihr Baby jetzt an den Armen zum Sitzen hoch; es beugt den Kopf nach vorne, die Arme und Beine sind dabei angewinkelt, Bauch- und Rückenmuskeln angespannt. Halten Sie es unter den Armen fest, werden seine kleinen Beinchen zu regelrechten Säulen. Es steht auf den Zehenspitzen und hält – welch ein Fortschritt – für Sekunden sein ganzes Körpergewicht.

Die ersten wichtigen Schritte zum sozialen Bewusstsein

Halten Sie ihm ein Spielzeug vors Gesicht, zappelt es vor Freude und streckt – ein weiterer Fortschritt – seine Hände danach aus. Es kann Gegenstände jetzt schon willentlich berühren, allerdings noch nicht greifen. Alles, was sich bewegt und was Töne von sich gibt, ist in diesem Alter besonders spannend für das Baby. Seine Augenmuskeln sind so gut trainiert, dass es mehrere Minuten lang konzentriert und fasziniert etwa ein Mobile beobachten kann.

Je nachdem wie die Mutter (oder sonst ein Familienmitglied) mit dem Kind spricht, wird es mit freudigem Lachen oder einem angstvollen, ratlosen oder erstaunten Gesichtsausdruck reagieren. Es kann nämlich jetzt schon gut unterscheiden, ob es freundlich, liebevoll oder barsch und streng angesprochen wurde.

Entsprechend reagiert es auch auf den Gesichtsausdruck seiner Mitmenschen. Sieht man es ernst oder ärger-

Auch den Ausdruck seines Stofftieres kann das Baby in diesem Alter mit seiner gewonnenen Unterscheidungsfähigkeit erkennen.

lich an, bekommt es Angst und fühlt sich nicht wohl. Wird es hingegen angelächelt, lächelt es zurück und zappelt freudig. Ein Beweis für die Eltern, dass ihre verschiedenen Verhaltensweisen von ihrem Kind registriert und verstanden werden – positive wie negative.

Verlust der Neugeborenenreflexe und Entwicklung der Sinne

Laute, die Ihr Baby jetzt schon kann, übt es weiter, kombiniert sie, erfindet neue dazu. Da gibt es allerdings Unterschiede. Manche Babys sind ruhiger, plappern nicht so viel oder verwenden auch nur einige wenige Laute. Andere hingegen sind während ihrer Wachzeit unentwegt recht „redefreudig". Beides ist normal.

Der **sechste Monat** bringt einige weitere erhebliche Fortschritte. So kann das Baby jetzt endgültig greifen. Der Reflex aus der Neugeborenenzeit hat sich restlos verloren. Hält man ihm einen Gegenstand hin, streckt es sofort einen Arm danach aus und greift danach. Das kann es sogar dann, wenn es auf seine beiden Arme aufgestützt ist – was es jetzt besonders oft und lange tut, um möglichst viel von der Umgebung mitzubekommen. Will es etwas greifen, verlagert es das Körpergewicht einfach auf den einen Arm (ohne umzufallen) und streckt den anderen nach dem Gegenstand aus. Ein ebenfalls sehr großer Schritt ist die Fähigkeit, Spielzeug von einer in

die andere Hand zu nehmen. Das ist der endgültige Sieg über den Greifreflex des Neugeborenen, denn wäre dieser noch vorhanden, könnte es den Gegenstand nicht loslassen, um ihn mit der anderen Hand aufzunehmen. In erster Linie wandern jetzt aber alle Gegenstände in den Mund. Deshalb ist es wichtig, dass es nur Dinge in seiner Reichweite findet, die nicht gefährlich sind. Also keine spitzen, giftigen, scharfkantigen oder auch zu kleine Sachen, die es verschlucken könnte.

Das Gehör ist mittlerweile sehr fein ausgeprägt. Das Kind kann mit beiden Ohren gleich gut hören, ein Geräusch also auch genau lokalisieren. Raschelt man etwa mit einem Papier, das das Kind noch nicht gesehen hat, in einer Ecke des Zimmers, schaut es sofort dorthin.

Fremdeln – ein wichtiger Schritt im Sozialverhalten

Die riesengroßen Entwicklungsschritte der letzten Monate haben auch das Sozialverhalten des Kindes beeinflusst. Im sechsten Monat fängt es an, zwischen bekannten und unbekannten Menschen zu unterscheiden. Es lächelt oder lacht spontan nur noch, wenn es eine vertraute Person ansieht – die Mutter, den Vater, Geschwister oder Verwandte. Kommt es mit Fremden in Kontakt (das können auch bekannte Personen sein, die es längere Zeit nicht gesehen hat), wird es erst sehr ernst und zurück-

Da in dieser Entwicklungsphase Ihr Baby seine Umwelt auch mit dem Mund „begreift", ist oberste Achtsamkeit geboten. Würden die Schleife am Mäuseschwanz oder die Nase und die Augen nicht absolut fest sitzen, könnte ein Unglück geschehen.

haltend das Gesicht betrachten, manche Babys weinen sogar angstvoll. Häufig werden sie jedoch sofort fröhlich, wenn die unbekannte Person lächelt oder freudige Gesten macht.

Seine Sprachentwicklung trainiert das Kind jetzt mit langen Silbenketten „da-da-da-da", „mem-mem-mem-mem" und so ähnlich. Oft werden die Eltern morgens mit einer solchen „Litanei" von ihrem Kind geweckt.

Das Schlafbedürfnis wird von Monat zu Monat geringer. Vom vierten bis zum sechsten Monat schlafen Kinder durchschnittlich 12 bis 14 Stunden, davon rund sieben Stunden in der Nacht. Doch gerade hier gibt es große individuelle Unterschiede. Manche sind schnell müde und wollen mehrmals täglich ein Nickerchen machen, kommen also auf ziemlich viele Schlafstunden. Andere dagegen sind munter und schlafen weniger. Solange das Kind gesund ist, keinen übellaunigen oder schlappen Eindruck macht, ist kein Grund zur Sorge gegeben.

Es gibt kein genormtes Schlafverhalten

Jeder kennt sie aus seinem Bekanntenkreis – übermüdete Eltern eines Kleinkindes. Was lassen sie sich nicht alles einfallen, um ihren Nachwuchs ins Reich der Träume zu bringen. Und bei den diversen Gesprächen am Kinderspielplatz erfährt dann manche gestresste Mutter, dass es ein Regelverhalten beim Schlafen nicht gibt. Jedes Kind ist eben anders.
Und gerade, wenn man sich endlich auf die individuellen Schlafgewohnheiten seines Kindes eingestellt hat, wird wieder alles anders – die nächste Entwicklungsstufe beginnt.

Die besten Spiele fürs zweite Vierteljahr

Alle folgenden Spiele sollen Ihnen und Ihrem Kind Spaß machen. Sie fördern gleichzeitig die motorische, soziale und geistige Entwicklung in diesem Alter. Ihr Kind lernt beim Spielen. Und Lernen heißt, einen dauerhaften Verknüpfungsvorgang im Gehirn herstellen. Nach wie vor gehören zärtliches Schmusen, Herumgetragen und Geschaukeltwerden, d. h. Haut- und Körperkontakt mit Vater und Mutter zu den wichtigsten Aspekten der Zuwendung. Doch Ihr Baby will jetzt noch mehr. Es braucht Anregungen für die Sinne, will hören und schauen, schmecken, riechen und fühlen. Und es will immer wieder Neues er-leben, er-lernen, be-greifen. Es hat den starken Drang, seine Fähigkeiten zu verbessern, zu üben, zu wiederholen.

Gymnastik

Wie in den ersten Monaten können Sie mit Ihrem Baby turnen. Doch jetzt darf es schon ein bisschen wilder sein. Arme und Beine werden hochgezogen, gekreuzt, wieder zurückgelegt, gespreizt. Einmal beide gleichzeitig, das andere Mal wechselseitig. Aber auch folgende Übung macht jetzt großen Spaß: Sie nehmen das Kind an beiden Armen, ziehen es langsam aus der Rückenlage hoch und lassen es wieder zurücksinken. Je älter Ihr Kind ist, desto länger können Sie es in der Sitzstellung halten.

Sie können sich auch mit Ihrem Baby auf den Boden legen. Machen Sie seine Bewegungen nach: auf die Arme stützen, den Kopf nach oben, der Oberkörper geht mit. Oder auf den Bauch legen, Arme und Beine ausstrecken und nach oben halten. Oder auf die Arme stützen und langsam nach hinten umfallen lassen. Legen Sie sich Ihrem Kind gegenüber, sodass es Ihr Gesicht sehen kann.

Besonderen Spaß macht es, wenn Sie beim Turnen oder zwischen den Übungen beim Ausruhen Ihrem Kind Grimassen schneiden. Erst ganz ernst schauen, dann lachen, die Augenbrauen hochziehen, die Nase rümpfen, die Zunge herausstrecken, einen breiten Mund machen, die Augen weit aufreißen, den Mund zu einer Schnute verziehen. Erst wird Ihr Kind aufmerksam zusehen, dann lachen und die Grimassen nachahmen.

Regelmäßige gymnastische Übungen helfen dem Baby, seinen Bewegungsdrang auszuleben, und fördern seine motorische Entwicklung. Nebenbei tut Ihnen Bewegung auch gut.

Spiele lassen Ihr Kind nicht nur in diesem Alter wie auf Wolken schweben, denn Ihre Nähe und Ihre Aufmerksamkeit sind ihm gewiss. Gleichzeitig lernt es immer etwas Neues dabei.

Krabbeln

Wenn Sie Ihr Baby auf dem Schoß haben, krabbeln Sie mit allen Fingern über seinen Körper und machen Sie bei einem bestimmten Körperteil Halt. Dazu können ebenfalls Abzählreime aufgesagt oder Liedchen gesungen werden, zum Beispiel: Steigt ein Mäuschen übers Häuschen (etwa über den Bauch oder das Knie), wo kommt es an? Natürlich am Hälschen (da wird etwas stärker gekrabbelt oder gekitzelt).

Geben – nehmen

Greifen ist jetzt eine besonders beliebte Übung. Sicher hat Ihr Kind schon einiges an Spielzeug: verschiedene Rasseln, ein kleines weiches Püppchen, einen Stoffball. Geben Sie ihm nacheinander immer ein Stück in die Hand. Es darf nicht zu groß sein, sonst kann es das Baby nicht fassen. Nehmen Sie es ihm zärtlich wieder weg und geben Sie es ihm wieder.

Am besten ist es, wenn die Gegenstände verschiedene Oberflächen haben: Stoff, Papier, Holz. Dann fühlt es sich jedes Mal anders an und macht noch mehr Spaß.

Gießkanne

Badewannenspiele machen in jedem Alter Spaß. Schon im vierten Monat können Sie mit Ihrem Baby Folgendes spielen: Sie halten es mit einem Arm fest und gießen mit einem Zahnputzbecher ganz langsam Wasser über seinen Rücken oder seinen Bauch. Und das immer wieder.

Fingertupfen

Bei einem Lied oder Gedicht tupfen Sie bei den ersten Silben Ihrem Kind mit dem Finger in die Handfläche. Bei den weiteren Silben streichen Sie mit der ganzen Hand darüber, am Schluss „rühren" Sie um.

Trommeln

Spätestens im sechsten Monat bekommen Babys Lust, selbst Geräusche zu machen. Setzen Sie sich mit Ihrem Kind auf dem Schoß an den Tisch und geben Sie ihm einen Löffel, einen Kochlöffel oder sonst einen Gegenstand, mit dem es auf die Tischplatte trommeln kann. Noch mehr Spaß macht es, wenn der Untergrund unterschiedlich ist und deshalb verschiedene Töne erzeugt werden. Etwa eine Kaffeedose, ein Plastikbecher, das Holz der Tischplatte. So lernt Ihr Kind gleichzeitig helle, dunkle, laute, leise, tiefe oder hohe Töne kennen und mit der Zeit auch genau unterscheiden.

Wind

Ideal beim Wickeln: Ehe Sie die frische Windel umbinden, lassen Sie ein wenig Wind um die Beine, den Po, den Bauch oder auch über das Gesicht des Babys streichen. Den Luftzug können Sie mit einem Tuch oder der vorbereiteten Windel auslösen. Nicht zu heftig, sonst ist die Luft zu kalt und macht keinen Spaß mehr.

Sie können den Wind auch mit Ihrer eigenen Puste machen. Blasen Sie dabei ganz sacht über den Körper Ihres Kindes.

Fliegen

Legen Sie Ihr Kind bäuchlings auf Ihren Arm (mit dem anderen gut festhalten). Dann drehen Sie sich erst langsam und dann immer schneller im Kreis. Bleiben Sie plötzlich abrupt stehen und drücken Sie es an sich. Dasselbe geht auch, wenn das Baby auf dem Rücken in Ihrem Arm liegt. Die meisten haben es allerdings auf dem Bauch lieber.

Klatschen

Die eigenen Hände gehören jetzt zum Interessantesten für Ihr Kind. Damit lässt sich wunderbar spielen. Nehmen Sie beide Hände des Kindes und klatschen Sie vorsichtig damit. Dann klatschen Sie in Ihre eigenen Hände, um sofort wieder die Ihres Babys zu nehmen und damit weiter zu klatschen. Dazu können Sie auch ein Lied singen. An ganz bestimmten Stellen, die Sie selbst wählen, klatschen Sie dann mit Ihren Händen oder mit denen des Kindes, zum Beispiel: *Backe, backe Kuchen* (Sie lassen das Kind klatschen), *der Bäcker hat gerufen* (Sie klatschen selbst). *Wer will guten Kuchen backen, der muss haben sieben Sachen. Eier und Salz* (jetzt können Sie wieder das Baby klatschen

Freundliche Lichtgestalten am Abend

Lassen Sie mit einer Taschenlampe im dunklen Zimmer freundliche Lichtgestalten über die Wände huschen, indem Sie schwarzes Tonpapier in Form eines Sterns/ Mondes vor die Taschenlampe kleben. Aber nicht zu schnell, sonst kommt Ihr Baby mit den Augen nicht mit. Sie können auch vor einer Lichtquelle – zum Beispiel einer Stehlampe, die gegen die Wand gerichtet ist – mit Ihren Fingern bewegliche Figuren an der Wand entstehen lassen und dazu etwas singen.

lassen), *Butter und Schmalz, Milch und Mehl. Safran macht den Kuchen gel* (am Schluss klatschen Sie wieder selbst).

Entdeckungsreise

Nehmen Sie Ihr Kind auf den Arm und gehen Sie mit ihm durch die Wohnung: in sein Zimmer, in die Küche, ins Bad oder ins Wohnzimmer. Zeigen Sie ihm bei diesem Rundgang einzelne Gegenstände und nennen Sie diese beim Namen. Führen Sie zum Beispiel sein Händchen am Schrank, am Fenster oder an der Gardine entlang oder geben Sie ihm kleinere Sachen in die Hand. Jeden Tag können Sie mit dem Baby neue Dinge entdecken.

Kitzelspaß

Gekitzelt werden macht Ihrem Baby besonderes Vergnügen. An der Fußsohle, in der Halskuhle, unter den Armen, auf Brust oder Bauch. Mit Abzählreimen wird das Ganze noch lustiger: *Steigt ein Mann die Treppe rauf* (mit Ihrem Finger tupfen Sie das Kind bei jeder Silbe an, vom Fuß Richtung Hals), *klopft an, tritt ein* (mehrmals auf die Brust klopfen) – *in Hänschens Haus* (hier kitzeln Sie ganz schnell am Hals). Der Weg kann auch vom Bauch nach unten zu den Füßen gehen. Oder von unten zu den Ohren. Natürlich können Sie auch andere Verse dazu aufsagen oder sich selbst welche ausdenken.

Legen Sie einen Holzbaustein, eine Kugel oder sonst etwas Hartes in eine Schachtel und schütteln diese. Dann machen Sie den Deckel auf. Ist Ihr Baby schon älter, wird es danach greifen.
Das Spiel funktioniert auch, wenn Sie unterm Tisch ein Geräusch machen, zum Beispiel mit einem Schlüsselbund und den dann nach oben legen.

Fallen

Sie haben Ihr Kind auf dem Arm. Beugen Sie sich etwas nach vorn, sodass es das Gefühl hat zu fallen. Dann kommen Sie schnell wieder hoch und machen eine Drehung. Viele Kinder wollen mit diesem Spiel überhaupt nicht mehr aufhören, so spannend finden sie es.
Ein anderes Fallspiel: Sie haben das Baby unter den Armen und lassen es mit einem Ruck (natürlich, ohne es fallen zu lassen) nach unten „segeln". Dann holen Sie es wieder nach oben und drücken es fest an sich.
Oder Sie nehmen es unter den Armen, strecken Ihre Arme aus und drehen es hin und her.

Verstecken

Im fünften und sechsten Monat haben Kinder einen Mordsspaß, wenn Sie sich verstecken. Natürlich nicht vollständig. Sie nehmen ein Tuch, halten es vors Gesicht und ziehen es wieder weg. Das können Sie wiederholen, sooft es dem Baby Spaß bereitet. Meist wird es Ihr Gesicht mit einem fröhlichen Lachen begrüßen.
Freude macht es auch, wenn Sie Spielzeug oder sonstige Gegenstände verstecken. Halten Sie etwa eine Rassel hinter den Vorhang und ziehen Sie diese dann wieder hervor. Ihr Kind wird begeistert sein. Nach einiger Zeit wird es dieses Spiel nachahmen. Es lernt dabei, dass Dinge, die man nicht sieht, trotzdem da sein können. Eine große Leistung des jungen Gehirns.

Drittes Kapitel

Siebter bis neunter Monat

Einige wichtige Entwicklungsschritte sind nun vollzogen. Das Kind kann seinen Kopf perfekt beherrschen, dreht sich ohne Mühe vom Rücken auf den Bauch und umgekehrt, erkennt bekannte Personen und kann sie von unbekannten unterscheiden. Das alles sind wichtige Voraussetzungen für die nächsten Entwicklungsschritte, die es im dritten Vierteljahr machen wird. Weil ein Schritt auf dem vorhergehenden aufbaut, verläuft die Entwicklung bei allen Kindern nach denselben Grundregeln. Immer müssen sie erst das Eine können, um das Nächste zu lernen. Unterschiede gibt es lediglich beim Tempo. Jedes Kind ist eine eigene kleine Persönlichkeit, die es so nicht noch einmal auf der Welt gibt (außer bei eineiigen Zwillingen). Es hat seine starken und schwachen Seiten, lernt das Eine schneller, das Andere langsamer. Das ist normal. Was es jedoch von den Eltern braucht, ist liebevolle Unterstützung, den Raum, die Anregungen und die Möglichkeit, seinem Drang, sich zu entwickeln und alles zu lernen, folgen zu können.

Was Ihr Kind jetzt alles lernt

Im **siebten Monat** entdeckt das Baby seine Füße als Spielzeug. Es greift mit den Händen danach, steckt sie sogar in den Mund. Das bedeutet, dass es seine Hüften gut beugen kann. Eine wichtige Voraussetzung fürs spätere Laufen. Außerdem perfektioniert es jetzt die Fähigkeit, sich vom Bauch auf den Rücken und vom Rücken auf den Bauch zu drehen. Es übt die Beine, indem es „federt", wenn Sie es unter den Armen halten und auf eine Unterlage stellen: Es geht in die Hocke und stößt sich schnell wieder nach oben ab. Das kann es endlos wiederholen. Greift sich das Baby ein Spielzeug, was es oft schon mit beiden Händen macht, fällt dieses nicht gleich wieder herunter, wie noch vor ein paar Wochen. Es dreht und wendet es zur genaueren Betrachtung zwischen den Fingern, gibt es von einer Hand in die andere und holt es sich wieder, wenn es ihm entfallen ist.

Auch die geistigen Fähigkeiten sind ein gutes Stück weiter gereift. Das zeigt sich beispielsweise daran, dass das Baby jetzt sehr gut begreift, dass Gegenstände oder Personen, die es im Augenblick nicht sieht, dennoch da sind. Ist ihm etwa ein Spielzeug auf den Boden gefallen, wendet es sich nicht ab, sondern sucht es mit den Blicken, beugt dabei Kopf und Oberkörper in die Richtung, bis es das Ding wieder entdeckt hat.

Das „Kuckuckspiel" wird jetzt umgedreht. Freute sich das Kind noch vor ein paar Wochen, wenn die Mutter hinter einem Tuch wieder erschienen ist, hat es jetzt den größten Spaß daran, sich selbst hinter einem Tuch zu verstecken. Es hängt sich – noch etwas ungeschickt – das Tuch übers Gesicht und zieht es wieder fort.

Das ist eine ganz neue Variante des Sozialverhaltens: Das Baby beginnt selbst zu bestimmen, wann und wie lange es mit seiner Mutter oder sonst einer Bezugsperson spielen möchte, die Aktivität geht also jetzt von ihm aus.

Wenn es jetzt seine Silbenketten vor sich hin „plaudert" und dazu immer wieder neue Laute übt, die es gelernt hat, verändert es auch die Stimmlage. Es ist kein gleichmäßiges „rrr", „mem-mem-mem" oder „da-da-da" mehr, sondern es wird mal lauter, mal leiser, mal hoch „gesungen", mal tief „gesprochen".

Rücken- oder Bauchlage – Selbstbestimmung in Ansätzen ist angesagt

Der **achte Monat** bringt dem Baby ein ganzes Stück mehr Mobilität. Es versucht sich vorwärts zu bewegen, schafft es aber noch nicht. Der Erfolg: Es dreht sich um die eigene Achse und verändert so seine Lage. Strecken

ihm die Eltern die Hände oder Finger hin, ergreift es sie und zieht sich klimmzugartig zum Sitzen hoch. Und einige Sekunden lang gelingt es ihm sogar schon, sitzen zu bleiben. Das Gleichgewicht reicht dafür gerade aus. Kippt es nach der Seite um oder wird es von einer erwachsenen Person schräg gehalten, streckt es spontan den Arm aus, um sich abzustützen.

Die Entwicklung der Aufmerksamkeit und Konzentrationsfähigkeit

Beim Spielen werden seine Händchen immer geschickter. Es versucht nun häufig sein Spielzeug mit den Fingerspitzen zu bekommen oder zu halten (nicht mehr, wie bisher, mit der ganzen Hand), dreht und wendet es in den Händen, untersucht es, nimmt es von der einen in die andere Hand, steckt es in den Mund, schaut es an, um es dann wieder in den Mund zu stecken.

Auch die Aufmerksamkeit und Konzentrationsfähigkeit des Kindes nehmen zu. Es interessiert sich für alle Einzelheiten in seiner Umgebung, kann fasziniert einen bewegten Vorhang betrachten, der Mutter beim Aufräumen zusehen oder sein Bettchen „untersuchen". Große Freude macht es ihm, wenn es bei allem, was die Mutter tut, dabei sein kann. Egal, ob sie gerade Geschirr spült, Essen kocht, einen Brief schreibt, etwas malt oder

Kinder lernen durch Nachahmung – nicht nur beim lustigen Spiel des Grimassen-Schneidens.

bastelt – es wird immer aufmerksam, interessiert und fasziniert dabei zuschauen. Spannend wird in diesem Monat auch das eigene Spiegelbild für Ihr Kind. Wenn es sich auch noch nicht selbst erkennt, so schaut es sich doch in die Augen, nimmt Kontakt zu diesem netten Babygesicht auf, greift danach und lächelt es an. Die eigene Stimme ist fast ebenso interessant wie das Spiegelbild. Bei seinen Lautmalereien entdeckt das Baby, dass es auch flüstern kann. Das tut es mit Begeisterung und hört sich dabei selbst ganz gespannt zu.

Unterscheidung zwischen fremden und vertrauten Menschen

Was fremde Leute angeht, wird es jetzt zunehmend ängstlicher. Diese Phase der so genannten Acht-Monats-Angst setzt bei manchen Babys auch schon früher ein, bei manchen erst ein wenig später. Sie ist auch von Kind zu Kind unterschiedlich stark ausgeprägt. Für die Eltern ist das meist eine sehr anstrengende Zeit, denn das Baby fürchtet sich vor jedem fremden Gesicht, weint und will sofort zur Mutter. Es lässt sich kaum von anderen Personen hochnehmen oder auch nur anfassen. Selbst freundliche Babysitter werden jetzt oft mit jämmerlichem Geschrei abgelehnt, und die Eltern müssen auf ihren Ausgang verzichten.

Diese Phase, so unangenehm sie für die Eltern auch sein mag, ist für die Entwicklung von großer Bedeutung.

Denn erst dadurch, dass das Kind ganz eindeutig zwischen vertrauten und fremden Leuten unterscheidet (und nichts anderes bedeutet dieses Verhalten), lernt es, sich den eigenen Angehörigen zutiefst verbunden zu fühlen und Fremden gegenüber gefühlsmäßig zurückhaltender zu bleiben.

Spätestens im **neunten Monat** sollte Ihre Wohnung kindersicher sein, zumindest aber nichts Gefährliches mehr auf dem Boden herumliegen. Denn jetzt beginnt Ihr Baby zu robben und kann sich zum ersten Mal ganz gezielt vorwärts bewegen. Es liegt dabei auf dem Bauch, stützt den Körper auf die Unterarme und zieht sich so durch die Gegend. Eine Phase, die meist nur kurz anhält und schon bald vom richtigen Krabbeln abgelöst wird. Auch das Sitzen geht jetzt schon besser. Mindestens eine Minute lang sitzt es relativ aufrecht, ohne umzufallen. Doch es muss sich noch sehr stark konzentrieren, um das Gleichgewicht nicht wieder zu verlieren. Zieht man es an den Armen hoch, bleibt es kurze Zeit fest auf seinen Füßchen stehen.

Dieses tolle Gefühl möchte es natürlich jetzt öfter haben. Deshalb versuchen die meisten Kinder, sich im Laufe des neunten Monats selbst hochzuziehen. An den Gitterstäben des Bettchens, an Schränken, Stühlen, Tischbeinen oder an den Beinen der Eltern. Am Anfang ist das noch recht schwierig. Oft bleibt es auf halber Strecke stecken. Die Arme haben nicht genügend Kraft – es kippt um oder fällt zurück auf den Po. Da kann es so manche Beule davontragen. Doch unermüdlich übt es weiter. Gegen Ende des neunten Monats gelingt es manchem Kind, schon ganz hochzukommen. Nun weiß es aber nicht, wie es wieder herunterkommen soll. Daher bleibt es einfach stehen, bis die Beinchen nachgeben und es wieder auf dem Boden liegt.

Spielzeug wird jetzt nicht mehr nur ergriffen, sondern auch wieder fallen gelassen. Das ist hoch faszinierend und ein erfolgreicher Schritt in der Entwicklung. Wenngleich viele entnervte Mütter, die das weggeworfene Spielzeug ständig wieder aufheben sollen, kaum daran glauben wollen.

Förderung der Sinneswahrnehmung durch ausgefeilte Spiele

Zu den spannendsten Geräuschen gehören die ganz leisen. Eine Uhr, die tickt, ein Telefonhörer, aus dem ein Tuten kommt. Und fast ebenso faszinierend sind Behältnisse, in die man hineinfassen kann. Das sind Ergebnisse der Sinneswahrnehmungen, die sich immer weiter differenzieren. Das Baby kann verschiedene Geräusche sehr gut wahrnehmen und unterscheidet in der räumlichen Umgebung zwischen vorne und hinten, oben und unten.

Auch die Spiele (die das Sozialverhalten anzeigen) werden ausgefeilter und brauchen mehr Raum. Hatte es sich bisher hauptsächlich auf Ge-

sichter konzentriert, „sucht" ein Kind jetzt beispielsweise die Mutter schon hinter einem Möbelstück oder es „versteckt" sich selbst auf einem Sessel, in der Ecke seines Bettes oder hinter dem Schrank.

Sprachentwicklung und Schlafverhalten

Aus den sprachlichen Silbenketten werden zweisilbige „Wörter", die klar artikuliert ausgesprochen werden: „Da-da", „Dei-dei", „Ma-ma" und so weiter. Nur noch ein kurzer Schritt bis zum ersten sinnvollen Wort.

Das Schlafbedürfnis nimmt jetzt zusehends ab. Durchschnittlich schlafen Babys nur noch 12 bis 13 Stunden, das meiste davon in der Nacht. Doch wie bei Erwachsenen, ist auch bei kleinen Kindern dieses Bedürfnis recht unterschiedlich ausgeprägt. Wenn Ihr Kind nachts noch aufwacht und Sie braucht – geben Sie ihm diesen Trost. Die beste Möglichkeit für Sie, das nächtliche Schlafdefizit wieder auszugleichen, ist, wenn Sie sich einfach tagsüber gemeinsam mit Ihrem Kind hinlegen.

Mindestens eine Minute lang kann Ihr Kind im dritten Vierteljahr mittlerweile alleine sitzen. Und nachdem es mit allerlei Geschick diverse Gegenstände ergreifen kann, sind dem schönen Spiel „Mama heb' wieder auf" keine Grenzen gesetzt.

Das braucht Ihr Baby jetzt

Ihr Kind braucht täglich neue Anregungen – für seine Sinne und um seine Fähigkeiten weiter zu entwickeln. Viele davon findet es selbst, wenn es sich frei in der Wohnung bewegen kann. Deshalb braucht es vor allem viel Bewegungsspielraum. Es wäre nicht günstig, wenn es den ganzen Tag im Bett oder Laufstall zubringen müsste. Denn so kann sich der Aktionsradius nicht stetig erweitern und wichtige Übungen fürs Laufen und Lernen können nicht stattfinden.

Was es natürlich auch braucht, sind einerseits Angebote für Spiele, andererseits sollte es aber zu nichts gedrängt oder überredet werden. Solange es von einer Tätigkeit fasziniert ist – und wenn es nur ganz ruhig etwas betrachtet –, sollten Sie es dabei nicht stören.

Die schönsten Spiele

Alle folgenden Spiele fördern die Fähigkeiten, die ein Kind jetzt hat und bekommt: Gleichgewichtssinn, Geschicklichkeit der Hände, Gehör und so weiter. Sie sind dem Entwicklungsstand angemessen, überfordern das Kind also nicht.

Auslassen

Nehmen Sie ein paar Spielsachen und reichen Sie sie nacheinander Ihrem Kind ins Bett. Oder Sie werfen sie hinein. Ihr Kind wird danach greifen und alles wieder nach draußen werfen. Dann heben Sie sie wieder auf und werfen Sie wieder hinein.

Sie können auch nur einen Gegenstand verwenden. Hat das Kind ihn aus dem Bett geworfen, nehmen Sie einen neuen. Das bringt Abwechslung.

Turm abreißen

Obwohl Ihr Kind jetzt schon mal versucht, einen Baustein auf den anderen zu setzen, macht ihm das Gegenteil noch erheblich mehr Spaß: Sie bauen einen Turm und Ihr Kind darf ihn dann umwerfen.

Das geht auch mit ineinander passenden Bechern, und das Spiel darf so lange wiederholt werden, bis es dem Kind langweilig wird (was manchmal lange dauern kann).

Ballspiele

Ein flauschiger kleiner Stoffball gehört zum ersten Spielzeug, das ein Baby haben sollte. Er lässt sich greifen, festhalten, wegwerfen und mit ihm lassen sich auch gemeinsam wunderbare Spiele machen.

Rollen Sie den Ball aus kurzer Entfernung auf Ihr Kind zu, fordern Sie es auf, ihn zurückzurollen. Oder machen Sie mit einem Brett eine schiefe Ebene und lassen erst Sie, dann das Kind den Ball herunterrollen. Werfen Sie den Ball über das Gitter des Bettes. Ihr Kind wird ihn wieder zu Ihnen nach draußen werfen. Einen Ball kann man auch um ein Tischbein, unter einem Stuhl durch oder über ein Kissen rollen lassen. Am spannendsten ist es, wenn einmal Sie, einmal das Kind mit Werfen oder Rollen dran ist.

Wasserspiele

Wenn Sie mit Ihrem Kind in der Badewanne sitzen, können Sie ihm Folgendes zeigen: Sie gehen mit dem Gesicht so tief, dass der Mund unter Wasser ist. Dann pusten Sie kräftig los. Das sprudelnde Geräusch wird Ihr Kind sehr erfreuen. Und wahrscheinlich wird es bald versuchen, das Ganze nachzuahmen. Ein anderes Wasserspiel, das sich am besten in der Badewanne machen lässt: Sie geben Ihrem Kind einen Becher, mit dem es Wasser schöpfen und wieder ausgießen kann. Schöpfen und ausgießen, schöpfen und ausgießen ...

Tauziehen

Sobald Ihr Kind gut sitzen kann, können Sie mit ihm dieses Spiel spielen: Sie nehmen eine Kordel, ein Band oder ein Tuch und geben es Ihrem Kind in die Hand. Wenn es festhält, ziehen Sie sanft daran, dass es sich nach vorne neigen muss. Dann lassen Sie wieder locker, dann wieder ziehen. Schon nach kurzer Zeit wird Ihr Kind so viel Spaß daran haben, dass es von sich aus daran zieht. Tun Sie ihm den Gefallen und „kippen" auch Sie um, wenn es am Zug ist.

Fingergesicht

Hände und Finger sind wohl das Interessanteste, was es für ein Kind jetzt gibt – nicht nur die eigenen. Auch die der Mutter oder des Vaters nimmt es gern und betrachtet sie genau, spielt damit herum.

Eine besondere Freude können Sie Ihrem Kind mit einem Fingergesicht machen: Sie nehmen einen Gummihandschuh und malen mit ein paar

Eine Welt voller lustiger Gesichter zaubern

Puppen über der ganzen Hand machen Kindern großen Spaß. Basteln können Sie sie entweder aus Waschhandschuhen, auf die Sie mit Textilfarbe Gesichter malen, oder aus Papiertüten, die gerade über eine Hand passen. Aber auch Gummihandschuhe mit bunten Gesichtern auf jedem Finger oder ein Tennisball, eingewickelt in ein Stück Stoff mit aufgemaltem Gesicht und beklebt mit Wollresten als Haare, erfreuen Ihr Kind.

Strichen ein Gesicht darauf. Dann ziehen Sie den Handschuh an, machen Bewegungen (das Gesicht wird dabei „lebendig") und erzählen eine Geschichte dazu. Oder Sie lassen das Gesicht etwas erzählen.

Gesichter können Sie auch auf die einzelnen Fingerspitzen malen, dann gibt es mehrere Leute, die sich miteinander unterhalten und Geschichten erzählen.

Küsschen

Zärtliche Spiele sind auch in diesem Alter noch sehr gefragt. Denn im körperlichen Kontakt mit Ihnen spürt Ihr Kind immer wieder die Liebe und Geborgenheit, die es für die optimale Entwicklung braucht.

Das macht besonders Spaß: Sie setzen Ihr Kind aufs Sofa. Wenn es noch nicht selbstständig sitzen kann, stützen Sie es mit Kissen im Rücken und an den Seiten, dass es nicht umkippt. Dann knien Sie sich auf den Boden, sodass Ihr Gesicht nah an das des Kindes herankommt. Nehmen Sie es an den Händen und ziehen Sie es sanft nach vorne zu sich heran. Ist es angekommen, bekommt es ein Küsschen auf die Nase oder die Stirn.

Statt „Hund und Katze" können Sie natürlich auch „Kuh und Ziege" spielen, je nach Talent, Tiere zu imitieren.

Spielzeugregen

Ein Eimer mit Bauklötzen, eine Schachtel mit kleinen Spielsachen, ein Stoffsäckchen mit Rasseln, Püppchen oder Plastiktieren – Ihr Kind wird den Inhalt hingebungsvoll ausleeren. Wenn es Lärm macht, umso besser. Legen Sie nicht zu viele Teile und keine schweren oder scharfkantigen hinein, denn es kann schon mal passieren, dass der „Regen" auf dem Kopf oder im Gesicht Ihres Kindes landet.

Wenn Sie ihm zeigen, dass man die Gegenstände auch wieder einräumen kann, wird es dieses Spiel mit Begeisterung nachmachen.

Hund und Katze

Wenn Ihr Kind auf dem Boden herumrobbt (und später, wenn es krabbelt), gehen Sie auch auf allen vieren. Sie „bellen" das Kind an, sind der Hund. Dann schnurren oder miauen Sie, reiben den Kopf an der Schulter des Kindes, sind die Katze. Anfangs wird Ihr Kind fasziniert Ihrem Spiel zuschauen. Bellen Sie nicht zu heftig, denn das kann es erschrecken. Besonders, wenn es noch kleiner ist. Bald wird es aber versuchen, Ihr Spiel mitzumachen, selbst zu bellen, zu miauen, zu fauchen und Hund oder Katze zu spielen.

Knisterpapier

Nehmen Sie verschiedene Papiere: ein Stück Zeitung, Seidenpapier, Packpapier, ein paar Seiten aus einem Katalog oder Drachenpapier. Knüllen Sie jeweils die Papiere zusammen und machen Sie unterschiedliche Geräusche damit. Einmal so, dass es das Baby sehen kann, dann wieder hinter seinem Rücken oder in einer Ecke des Zimmers, sodass es die Geräuschquelle suchen muss. Das macht höllisch Spaß und schult das Gehör, die Konzentration und die Wahrnehmungsfähigkeit.

Möchte Ihr Kind selbst so einen herrlichen Papierknäuel, geben Sie ihm möglichst nur ungefärbtes und unbedrucktes Papier, denn es wird den Knäuel natürlich auch in den Mund stecken. In den bunten Farben können jedoch Giftstoffe enthalten sein.

Unterschiedliche Geräusche faszinieren Ihr Kind jetzt sehr. Sie können sie außer mit Papier auch mit allen möglichen anderen Gegenständen erzeugen. Wenn Sie beispielsweise in leere Marmeladengläser (nicht zu große) oder Joghurtbecher unterschiedliche Sachen tun: Erbsen, Steinchen, Sand, einen Holzbaustein und so weiter. Wichtig: Die Gefäße müssen fest verschlossen sein, damit Ihr Kind den Inhalt nicht verschlucken kann.

Häschen und Verstecken

Alles, was sich verstecken lässt, muss jetzt gesucht werden. Sie, die Mutter, das Kind selbst, Spielzeug, Puppe, Küchengegenstände, ein Kissen, die Strampelhose (zum Beispiel beim Wickeln).

Zuerst verstecken Sie sich hinter einem Vorhang oder Schrank. Machen Sie aber Ihr Kind durch Rufe auf sich aufmerksam. Es wird Sie begeistert suchen. Dann darf sich das Kind verstecken und Sie suchen es.

Zum Versteckspiel gehört jetzt auch das Häschen. Sie haben Ihr Kind „gefunden", umarmen es und rufen: „Jetzt hab' ich dich"; genauso umgekehrt.

Verstecken Sie ein Spielzeug hinter Ihrem Rücken. Wenn Ihr Kind die Bewegung der Hand gesehen hat und Sie es fragen: „Wo ist die Puppe, das Auto?" etc., wird es die Ärmchen danach ausstrecken oder versuchen, hinter Sie zu kommen.

Das Spielzeug bekommt das Kind natürlich, sobald es dieses gefunden hat.

Schaukeln

Jede Bewegung stimuliert den Gleichgewichtssinn (sitzt im Ohr), der zum Stehen und Gehen besonders wichtig ist. Am schönsten (und wirkungsvollsten) sind gleichmäßige Bewegungen, wie zum Beispiel das Schaukeln.

Nehmen Sie das Kind mit beiden Händen unter den Armen. Dann spreizen Sie die Beine und lassen es unten durch oder vor Ihrem Bauch hin und her schaukeln.

Es macht auch Spaß, wenn beide Eltern mitmachen: Jeder nimmt das Kind unter einem Arm (nicht an den Händen, das halten die kleinen Gelenke noch nicht aus) und dann wird es zwischen den beiden Erwachsenen geschaukelt.

Wenn Sie eine Schaukel haben, können Sie sich auch für eine Weile mit dem Kind darauf setzen – aber nicht zu wild, sonst bekommt es Angst.

Fingerverse

Das kann man besonders gut spielen, wenn das Kind auf dem Schoß sitzt. Nehmen Sie die kleine Hand und zählen Sie dann die Finger ab:

Das ist der Daumen.
Der schüttelt die Pflaumen.
Der hebt sie auf.
Der trägt sie nach Haus.
Und der kleine Schlingel
Isst sie ganz alleine auf.

Dabei wird der kleine Finger ein wenig geschüttelt. Sie können den Reim auch vor dem Gesicht Ihres Kindes an der eigenen Hand abzählen.
Sie können sich auch selbst kleine Verse ausdenken. Es muss sich nicht unbedingt reimen, doch der Rhythmus eines Gedichtes sollte erhalten bleiben.
Ist das Kind schon größer, so gegen Ende des neunten Monats (und natürlich auch noch später), macht es ihm besonderen Spaß, wenn die Fingergeschichten die eigene Person oder die Familienmitglieder betreffen.

Fingerverse bereiten auch großen Spaß, wenn auf jedem Finger eine kleine Puppe sitzt, die lustig wackelt, wenn sie im Vers besprochen wird.

Hoppe, hoppe Reiter

Das Kind sitzt auf Ihrem Schoß und Sie „hoppeln" mit den Beinen im Rhythmus auf und ab. Sie können dazu etwas erzählen, ein Lied singen oder einen Vers aufsagen. Ändern Sie zwischendurch plötzlich den Rhythmus, werden Sie vermutlich mit Lachsalven von Ihrem Kind belohnt. Auch wenn Sie ohne Vorwarnung die Beine auseinander spreizen und es scheinbar fallen lassen, macht ihm das meist Spaß. Erschrickt es aber, sollten Sie es sofort trösten und vielleicht etwas später, aber langsamer und sanfter noch einen Versuch wagen.

Die bekanntesten Hoppe-Reiter-Lieder:
Hoppe, hoppe Reiter,
Wenn er fällt, dann schreit er.
Fällt er in den grünen Klee,
Tun ihm seine Füße weh.
Fällt er in den Graben,
Fressen ihn die Raben.
Fällt er in den Sumpf,
Macht der Reiter plumps.

Hopp, hopp, hopp,
Pferdchen, lauf Galopp.
Über Stock und über Steine,
Aber brich dir nicht die Beine.
Hopp, hopp, hopp,
Pferdchen, lauf Galopp.

Bei der Zeile „Macht der Reiter plumps" können Sie das Kind nach hinten oder nach unten plumpsen lassen.

Viertes Kapitel

Zehnter bis zwölfter Monat

*T*ag für Tag wird Ihr Kind jetzt mobiler und geschickter. Voller Taten- und Bewegungsdrang erobert es sich seine Umgebung. Und mit viel Interesse und Charme geht es auch auf die Menschen zu, die es gern hat. Für die Eltern ist das oft eine anstrengende Zeit. Denn nichts ist mehr vor der Neugier ihres Kindes sicher. Dauernd heißt es aufpassen, dass nichts passiert. Aber es ist auch eine schöne und fröhliche Zeit, in der Sie sich fast täglich mit Ihrem Kind über neu erworbene Fähigkeiten freuen können.

Das lernt Ihr Kind in den nächsten Monaten

*I*m **zehnten Monat** fängt Ihr Kind mit dem Krabbeln an. Ausgangspunkt ist der so genannte Vierfüßlerstand, den es jetzt fleißig übt. Das Baby hebt seinen Körper aus der Bauchlage von der Unterlage ab und stützt sich nur noch auf die Hände und die Knie, später auf Hände und Füße. Oft schaukelt es in dieser Haltung hin und her – eine Übung fürs Gleichgewicht, die zum Krabbeln wichtig ist. Gleichzeitig lernt das Baby sich selbstständig aufzusetzen. Es stützt sich aus der Bauchlage auf die Arme und Hände, macht eine Drehung mit dem Rumpf, zwischen Hüfte und Schultern, und schon sitzt es aufrecht, mit geradem Rücken und gestreckten Beinen.

Aus dem Vierfüßlerstand kann sich das Kind auch zum Stehen aufrichten. Dazu braucht es aber noch Möbel, um sich daran hochzuziehen. Wenn es etwas zum Festhalten findet, kann es schon einige Minuten auf ausgestreckten Beinen und der ganzen Fußsohle (nicht nur den Zehenspitzen, wie noch vor ein paar Wochen) stehen bleiben.

Der Pinzettengriff: Die bessere Koordination der Hände

Auch die Hände werden geschickter. Mit dem „Pinzettengriff" – zwischen ausgestrecktem Daumen und Zeigefinger – kann es kleine Krümel, dünne Fäden oder andere winzige Gegenstände ergreifen. Ein wichtiger Schritt zur Fingerkoordination, die wiederum wesentliche Voraussetzung für die gesamte Feinmotorik ist. Spielzeug wird jetzt nicht mehr nur festgehalten und betrachtet oder fallen gelassen. Durch die bessere Koordination der Hände und neue Kraft in den Armen kann das Baby jetzt Dinge gegeneinander klopfen, schütteln oder ganz gezielt mit Schwung wegwerfen. Am schönsten ist es, wenn es für dieses „Spiel" einen Mitspieler hat, der ihm weggeworfenes Spielzeug immer wieder zurückbringt.

Verfeinerte Wahrnehmung und Sprachverständnis

Die Wahrnehmung hat sich mittlerweile so verfeinert, dass sich das Kind auch für kleinere Details interessiert, zum Beispiel die Augen einer Puppe (aber auch die von Menschen), die Löcher in den Steckdosen (jetzt sollten Sie unbedingt Sicherungen anbringen), Schraubenköpfe an einem Möbelstück. Weil seine Finger schon geschickt sind, versucht das Baby diese winzigen Details auch zu greifen. Das Interesse an anderen Menschen zeigt Ihr Kind am deutlichsten dadurch, dass es ihre Gesten genau beobachtet und dann nachmacht. Jetzt fängt es beispielsweise an, „winkewinke" oder „bitte-bitte" zu machen. Für seine soziale Entwicklung bekommt das Lob immer größere Bedeutung. Es freut sich über jede Zustimmung und versucht, Lob zu ernten, indem es einmal bewunderte Dinge immer wiederholt.

In einer ruhigen Minute können Sie sich jetzt schon regelrecht mit Ihrem Baby unterhalten. Das heißt, Sie sprechen ein paar Silben, die es schon kann, und es wiederholt diese ganz bewusst.

Außerdem versteht Ihr Kind bereits erste Begriffe, die ihm immer wieder vorgesprochen wurden. Fragen Sie beispielsweise: „Wo ist das Licht?", wird es gezielt zur Lampe schauen oder mit ausgestreckten Armen darauf deuten. Das sind die ersten größeren Gedächtnisleistungen des Gehirns.

Im **elften Monat** müsste nun das Krabbeln ganz vorzüglich klappen: linker Arm und rechtes Bein nach vorne, dann rechter Arm und linkes Bein. Das heißt natürlich, dass Ihr Baby jetzt überall in der Wohnung hinkommt. Manche Kinder entwickeln eine geradezu gigantische Geschwindigkeit auf allen vieren.

Sitzen kann es beliebig lange, ohne das Gleichgewicht zu verlieren. Selbst wenn Sie seine Beinchen im Sitzen langsam anheben, wird es nicht gleich umfallen, sondern die Schräglage gut ausgleichen.

Hat es sich an einem Möbelstück hochgezogen, macht es die ersten seitlichen Schritte daran entlang. Manchmal geht es auch einfach auf der Stelle. Damit übt es, das Gewicht von einem Bein aufs andere zu verlagern.

Nachdem in diesem Alter auch die Steckdosen für Ihr Kind interessant werden, müssen Sie entsprechende Sicherheitsvorkehrungen treffen.
Nehmen Sie sich Zeit und legen Sie eine Liste von möglichen Gefahrenquellen an, vor denen Sie Ihr Kind schützen müssen. Krabbeln Sie dazu ruhig selbst einmal durch die Wohnung!

Eine Übung, die besonderen Spaß macht: Ein Erwachsener hält das Kind an beiden Händen fest, damit es nach vorne laufen kann. Wenngleich die Schritte noch recht breitbeinig, unsicher und zögerlich sind, möchte es doch am liebsten nicht mehr damit aufhören.

Aus dem bisherigen „Pinzettengriff" von Daumen und Zeigefinger wird jetzt der „Zangengriff", das heißt, Daumen oder zumindest der Zeigefinger werden beim Greifen gebeugt. Das macht die Hände noch geschickter und die kleinen Krümel können besser aufgehoben und sicherer festgehalten werden.

Das Gedächtnis funktioniert schon so gut, dass das Kind versteckte Gegenstände wiederfindet. Natürlich nicht, wenn es nicht gesehen hat, wo sie versteckt wurden. Aber angenommen, Sie legen vor seinen Augen ein Spielzeug unter einen umgestülpten Topf, wird es von sich aus dieses Spielzeug unter dem Topf wieder herausholen. Dinge verstecken tut es jetzt auch selbst mit großem Vergnügen.

Endlich wie Mama und Papa laufen können, das ist das große Ziel Ihres Kindes.

Tischlein deck dich ab: Einfache Zusammenhänge erkennen

Einfachere Zusammenhänge lernt Ihr Kind ebenfalls im elften Monat begreifen. Etwa, dass man ein Spielzeug, an dem eine Schnur befestigt ist, an dieser Schnur herbeiziehen kann. Oder, dass ein Gegenstand, der auf dem Tisch liegt, herankommt, wenn man an der Tischdecke zieht (also nichts Gefährliches auf dem Tisch liegen lassen!).

Frei oder nicht – das Gehen steht im Mittelpunkt

Zwieback, Kekse oder sonstige „handliche" Lebensmittel kann das Kind aus der Hand essen, und Trinken aus der Tasse wird zum ganz großen Hit. Da fasst es mit beiden Händen zu und braucht nur noch eine kleine Unterstützung von der Mutter. Wenn etwas daneben geht – macht nichts.

Viele Kinder beginnen jetzt damit, Dinge und Situationen mit „Wörtern" zu belegen. Zum Beispiel „ham-ham" für Essen oder „brr" für Fahrzeuge oder „wau-wau" für Tiere. Manche Kinder fangen damit auch erst etwas später an.

Das Verständnis geht bei allen aber jetzt schon so weit, dass sie wissen, was die Mutter meint, wenn sie „Nein" sagt. Einmal „Nein" reicht aber nicht aus, um dem Kind in diesem Alter ein Verbot dauerhaft klar zu machen. Denn es vergisst sehr schnell wieder.

Der **zwölfte Monat** bringt die ersten Schritte an einer Hand. Sie sind zwar noch wackelig und breitbeinig und das Kind verliert schnell sein Gleichgewicht, doch das Gehen wird jetzt ständig geübt. Krabbeln taugt nur noch, wenn es das Baby besonders eilig hat oder zum Spielen. Sobald irgendjemand zur Verfügung steht, will es sich aufrichten, festhalten und laufen. Klar, dass es auch jede andere Stütze ergreift.

Manche Kinder machen gegen Ende des ersten Lebensjahres auch schon ihre ersten freien Schritte. Bei den meisten (rund 60 Prozent) dauert das allerdings noch zwei bis drei Monate länger.

Mit Spielzeug geht das Kind mittlerweile noch bewusster und aktiver um. So gibt es beispielsweise Gegenstände in die Hand der Mutter oder es legt sie in ein Gefäß. Selbst kleine Dinge kann es durch eine schmale Öffnung stecken, wie etwa durch einen engen Flaschenhals.

Dazu muss es bereits eine Menge gelernt haben: Es muss einen Gegenstand gezielt ergreifen und ihn willkürlich wieder loslassen können. Augen und Hände müssen in einem hohen Maß „zusammenarbeiten" und

es muss räumliche Beziehungen erkennen können.

Die Sprache beginnt sich deutlich zu entwickeln. Aus dem fröhlichen, aber unverständlichen Geplauder der letzten Monate werden jetzt immer häufiger konkrete Begriffe. Es versucht, einzelne Worte nachzusprechen und Dinge beim Namen zu nennen. Bald schon ist nicht mehr jedes Tier ein „wau-wau". Aus der Ente wird ein „gack-ga", aus der Kuh eine „muh". Einfache Sätze versteht Ihr Kind schon ganz gut, etwa „Komm her!" oder „Bring das!". Dennoch folgt es nicht jeder Aufforderung, denn oftmals wird es von interessanteren Dingen auf dem Weg dorthin abgelenkt und vergisst sofort wieder, was es eigentlich tun wollte.

Die besten Spiele

Alle Bewegungsspiele sind jetzt der Renner. Dabei übt das Kind seine neuen Fähigkeiten. Aber auch Fingerspiele, rhythmische Reime oder Lieder lieben Kinder in diesem Alter. Das regt die emotionale, geistige und sprachliche Entwicklung an. Machen Sie Ihrem Kind Angebote. Zwingen oder überreden Sie es aber zu nichts. Spielen soll in erster Linie Spaß machen, Ihnen und Ihrem Kind, dann ist der Lerneffekt am größten.

Musikspiele

● **Trommeln:** Nehmen Sie eine leere, umgekehrte Waschmitteltonne und geben Sie Ihrem Kind einen Gegenstand zum Draufhauen. Wenn Sie Zeit haben, können Sie die „Trommel" mit einer bunten, selbstklebenden Folie bekleben, dann wird sie auch haltbarer.

Eine Trommel lässt sich auch wunderbar aus einer leeren Babynah-

Geduld – ein Schlüsselwort bei Kindern

Obwohl Sie Ihr Kind vielleicht wiederholt aufgefordert haben zu Ihnen zu kommen, will es scheinbar nicht hören. Und dies, obwohl es schon mehrmals durch entsprechende Reaktionen gezeigt hat, dass es Sie mittlerweile verstehen kann, wenn Sie „Komm bitte her!" sagen.

Es will Sie jedoch nicht bewusst ärgern, wenn es Ihren Aufforderungen nicht folgt, sondern hat diese schlichtweg wieder vergessen. Zu interessant war in der Zwischenzeit vielleicht ein Geräusch oder ein optischer Reiz, dem nachgegeben werden musste.

Legt man in die Trommeln etwas hinein (ein Stück Stoff oder anderes Spielzeug), können die Geräusche nochmals variiert werden.

Beim Umräum-Spiel mit den Knöpfen sollten Sie mitmachen und darauf achten, dass Ihr Kind keinen Knopf in den Mund steckt und verschluckt.

rungsdose basteln oder aus einem Kochtopf mit Deckel.

Am besten sind natürlich mehrere „Trommeln", die unterschiedlich klingen.

● **Klangmobile:** Hängen Sie an einem Kleiderbügel, an einem Stock oder an einem Reifen verschiedene Gegenstände auf – etwa unterschiedlich große Dosen von Kaffee oder anderen Konserven – und platzieren Sie sie so, dass Ihr Kind mit einem Gegenstand dranschlagen kann. Das gibt schöne „Melodien" und unterschiedlichste Geräusche, die es selbst hervorrufen kann.

Sie können auch einige der Dosen bekleben, um jeweils den Klang zu verändern.

Das Klangmobile lässt sich noch verbessern, wenn Sie zwischen die Dosen Löffel, Glöckchen, Metallfolie oder Topfkratzer hängen.

Auch verschiedene Dinge aus Holz geben wunderbare Klänge, wenn sie aneinanderstoßen oder mit einem anderen Gegenstand angeschlagen werden.

Geschicklichkeits-spiele

● **Umräumen:** Lassen Sie Ihr Kind große Knöpfe umräumen. Geben Sie ihm eine Schachtel mit Knöpfen (oder anderen ähnlichen Gegenständen) und eine andere, in die es die aufgegriffenen Knöpfe ablegen kann.

● **Passende Form:** Schneiden Sie aus einem Schachteldeckel eine Form aus (Schlitz, Kreis, Dreieck, Stern) und legen Sie ihn dann wieder auf die Schachtel. Geben Sie Ihrem Kind Gegenstände, die genau in die Öffnung passen. Es wird die Schachtel mit Begeisterung einräumen. Erst wenn es sich mit einer Öffnungsform sichtlich langweilt, sollten Sie eine neue anbieten.

Wenn Sie dabei sind, können Sie Ihrem Kind auch Flaschen mit verschieden großen Öffnungen (zum Beispiel Milch- oder Limonadeflaschen) geben und entsprechend kleines Spielzeug zum lustigen Hineinstecken.

● **Schlitze:** Nehmen Sie einen Karton (zum Beispiel einen Schuhkarton) und schneiden Sie einige Schlitze hinein (waagerecht und senkrecht, breite und schmale). Sie können den Karton auch mit Folie bekleben oder bemalen, dann macht es noch mehr Spaß.

Zum Einstecken eignen sich Postkarten, Bierdeckel, Holz- oder Plastikscheiben, feste, bunte oder bemalte Pappe oder festere Briefumschläge.

Fingerspiele

● **Finger weg:** Alle zehn Finger sind ausgestreckt und „wackeln" umher. Dazu abzählen: *Alle Finger wackeln, alle Finger wackeln, einer fällt um, jetzt sind es nur noch neun.* Der umgefallene Finger wird eingeknickt. Das Spiel so lange weitermachen, bis alle zehn Finger weg und nur noch zwei Fäuste zu sehen sind. Das Spiel geht auch mit fünf Fingern. Am besten machen Sie es Ihrem Kind erst einmal vor und lassen es dann mit seiner eigenen Hand mitmachen.

● **Handpuppe:** Auch Puppen über der ganzen Hand machen Kindern jetzt großen Spaß. Herstellen können Sie sie entweder aus Waschhandschuhen, auf die Sie mit Textilfarbe Gesichter malen, oder aus Papiertüten, die gerade über eine Hand passen.

● **Fingerpüppchen:** Sie können mit Ihren Fingern Ihrem Kind Geschichten erzählen. Stecken Sie sich dazu Fingerpuppen auf. Es gibt sie fertig in Spielwarenläden. Oder Sie basteln sie selbst: stricken, häkeln oder aus Stoffresten nähen. Bunte Plastikfingerhüte, auf die Gesichter gemalt und aus Wollresten oder Federn Haare geklebt sind, erfüllen ihren Zweck ebenso. Besonderen Spaß macht es, wenn an der einen oder anderen Fingerpuppe ein kleines Glöckchen klingelt. Jeder Finger ist eine andere Figur oder ein Tier. Diese sprechen mit dem Kind oder unterhalten sich untereinander. Manchmal verschwindet auch eine (in der Faust). Keine Frage, dass auch Ihr Kind ein Fingerpüppchen bekommt, wenn es mitspielen möchte.

● **Abzählreime:** Sie eignen sich für Fingerspiele besonders.

Kommt ein Mäuschen
Übers Häuschen.
Wo soll's rasten?
In (Peters) Herzkasten.
Ihre Finger sind das Mäuschen. Sie wandern von den Füßen des Kindes den Körper hinauf und krabbeln dann ganz schnell über die Brust (den Herzkasten).

Da kommt ein Bär.
Wo kommt er her?
Wo will er raus?
In Bübels (Mädels) Haus.
Dabei laufen Sie mit Ihren Fingern auf Ihr Kind zu (in der Luft, über den Tisch, übers Bett) oder krabbeln damit am Körper Ihres Kindes hoch. Am Ende kraulen oder kitzeln Sie es am Kinn, Hals oder Nacken.

Der ist ins Wasser gefallen,
Der hat ihn wieder herausgeholt,
Der hat ihn ins Bett gebracht,
Der hat ihn warm zugedeckt.
Und der kleine Schlingel
Hat ihn wieder aufgeweckt.
Beim Daumen beginnen und dann bis zum kleinen Finger zu jeder Zeile einen Finger in die Hand nehmen und leicht schütteln. Beim kleinen Finger etwas stärker schütteln.

Fröhliches erstes Zählen mit den Fingern

Da kommt die Maus,
Da kommt die Maus,
Klingelingeling.
Ist (Peter) zu Haus?
Mit den Fingern steigt man über die Arme zum Gesicht des Kindes hinauf. Bei „Klingelingeling" wird am Ohrläppchen gezupft.

Zum Däumchen sag' ich eins,
Zum Zeigefinger zwei,
Zum Mittelfinger drei,
Zum Ringfinger vier,
Zum kleinen Finger fünf.
Bei jeder Zeile den richtigen Finger ausstrecken. Das Kind kann es nachmachen und lernt dabei, wie seine Finger heißen.

Wasserspiele

● **Schöpfen:** In der Badewanne macht es nach wie vor Spaß, Wasser in einen Becher einzufüllen und wieder auszuschütten. Eine interessante Variante dieses Spiels: Machen Sie Löcher in den Becherboden (zum Beispiel einen Joghurtbecher), dann kann Ihr Kind einen Wasserstrahl erzeugen. Noch spannender wird es, wenn ein Becher mehrere verschieden große Löcher hat. Denselben Spaß macht auch eine kleine Gießkanne.

● **Badeschaum:** Mit Badeschaum lässt sich ganz herrlich spielen. Da können Sie mit Ihrem Kind „Berge" bauen oder ihm einen Hut aus Schaum aufsetzen, seine Füße unter dem Schaum suchen oder mit Schaum auf der Nase oder auf den Wangen ein lustiges Gesicht machen. Natürlich braucht man dazu einen Spiegel nahe der Wanne, um die Kunstwerke auch sehen zu können.

● **Planschbecken:** Im Sommer lassen sich die Wasserspiele in einem kleinen Planschbecken (man kann es auch auf den Balkon stellen) fortsetzen. Vier bis fünf Zentimeter Wasserhöhe reichen zum Planschen aus. Zu Anfang kann Ihr Kind am Beckenrand sitzen und Sie singen mit

Wenn Sie gemeinsam mit Ihrem Kind baden, darf es auch Sie mit Schaum „verschönern".

ihm: „Alle meine Entchen schwimmen auf dem See, schwimmen auf dem See. Köpfchen in das Wasser, Schwänzchen in die Höh" oder ein anderes Badelied.

● **Gießen und spritzen:** Geben Sie Ihrem Kind bunte Plastikschüsseln, ein Sieb oder andere Haushaltsgegenstände mit ins Planschbecken. Damit kann es gießen und spritzen.

● **Papierschiffchen:** Machen Sie Ihr Kind zum Freizeitkapitän. Ein spannender Nebeneffekt: Es lernt, dass sich Papier im Wasser nach einiger Zeit auflöst.

So wird ein Papierschiffchen gefaltet:
Man nimmt ein rechteckiges Papier und faltet es an der langen Seite ein-

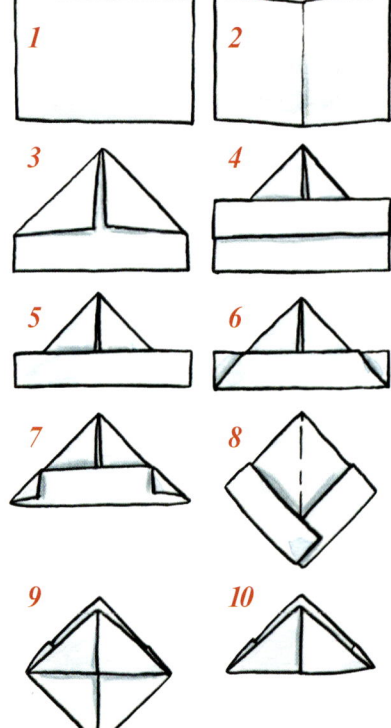

mal in der Mitte. Dann die linke und rechte obere Ecke in die Mitte biegen und über die Kanten streifen. Es entsteht ein Dreieck über einem Rechteck. Den einen Teil des Rechtecks nach oben biegen, die beiden hervorstehenden Ecken nach hinten umbiegen. Das Ganze umdrehen und mit dem anderen Rechteck genauso verfahren. Das nun entstandene doppelte Dreieck unten öffnen und entgegengesetzt wieder zusammenlegen, sodass eine Raute entsteht. Die beiden offenen Ecken der Raute nach oben biegen, eine vorne, eine hinten, und die Kanten festdrücken. Jetzt ist ein Dreieck entstanden. Das Dreieck an der Mittellinie öffnen und die beiden Ecken aufeinander legen. Kanten glatt streichen. Nun die beiden oberen Ecken der Raute gleichzeitig nach rechts und links auseinander ziehen.

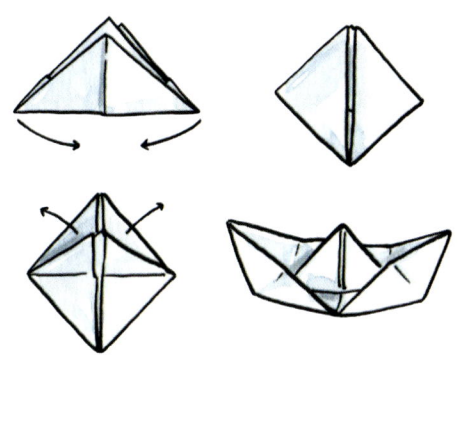

Tobespiele

● **Fliegen:** Legen Sie Ihr Kind mit der Brust auf Ihren Unterarm. Ihre Hand greift unter der Achsel des Kindes durch und hält den Arm fest. Mit der anderen Hand greifen Sie zwischen den Beinen des Kindes durch und halten es am Bauch. Dann strecken Sie Ihre Arme mit dem Kind möglichst weit aus und drehen sich. So kann das Kind fliegen. Wenn Sie genügend Kraft haben und das Kind noch nicht zu schwer ist, können Sie beim Fliegen Ihre Arme auch noch auf und nieder bewegen. Das gibt einen besonderen Prickel und macht noch mehr Spaß.

● **Wettrennen:** Gehen Sie in Krabbelstellung und machen Sie krabbelnd mit Ihrem Kind ein Wettrennen durch die Wohnung. Natürlich sollte auch das Kind mal gewinnen. Sie können ihm aber auch davonkrabbeln und sich fangen lassen. Oder Sie fangen Ihr Kind ein.

● **Fäusteturm:** Dieses Spiel geht am besten, wenn Sie Ihr Kind auf dem Schoß haben und am Tisch sitzen. Es können auch noch mehrere Leute mitspielen: Sie machen einen Fäusteturm. Dazu machen Sie eine Faust, mit der Sie den Daumen des Kindes umfassen (an der Handkante). Oben strecken Sie Ihren Daumen aus, den die Faust Ihres Kindes nehmen kann. Dann kommt wieder Ihre Faust (oder die eines zusätzlichen Mitspielers).

Mit diesem Fäusteturm wird nun auf den Tisch geklopft und „Butter gestampft". Dazu können Sie abzählen:
Butter stampfen, Butter stampfen,
Eine Hand kommt weg.
(Jetzt muss die obere Faust weg.)
Butter stampfen, Butter stampfen,
Eine Hand kommt weg.
(Jetzt geht die nächste Hand und immer so weiter, bis keine Faust mehr auf dem Tisch ist.)
Das Spiel kann auch in der umgekehrten Reihenfolge gespielt werden. Es wird mit einer Faust begonnen *(Butter stampfen, Butter stampfen, eine Hand kommt hin.)* und nach und nach der Turm wieder aufgebaut.

● **Hinunterplumpsen:** Lassen Sie Ihr Kind an sich „hochklettern". Nehmen Sie es unter den Armen (gut festhalten), dass es mit seinen Füßen Ihre Beine entlang über den Bauch bis auf Ihre Schultern kommt. Mit einem Plumps lassen Sie es schnell wieder nach unten „fallen".
Wichtig: das Kind sehr gut festhalten. Es hat so viel Vertrauen zu Ihnen, dass es von alleine herunterplumpsen wird und nicht abwartet, ob Sie es auch gut halten.

● **Tanzen und springen:** Nehmen Sie Ihr Kind unter den Arm und tanzen und springen Sie mit ihm. Dazu können Sie ein Lied singen und die Bewegungen im Takt mitmachen:

Zeigt her eure Füßchen,
Zeigt her eure Schuh',
Und sehet den fleißigen
Waschfrauen zu.
Sie waschen, sie waschen,
sie waschen den ganzen Tag.

Setzen Sie Ihr Kind auf den Schoß mit dem Gesicht zu Ihnen. Dann nehmen Sie es an beiden Händen und singen oder sprechen:

Ri-ra-rutsch,
Wir fahren mit der Kutsch',
Wir fahren mit der Schneckenpost,
Wo es keinen Pfennig kost'.
Ri-ra-rutsch,
Wir fahren mit der Kutsch'.

Bei jeder Silbe nehmen Sie mit Ihrer Hand eine Hand des Kindes nach vorn, die andere nach hinten und das im rhythmischen Wechsel. Je älter das Kind ist, desto wilder wird dieses Spiel werden.
Alle anderen Hoppe-Reiter-Spiele, die Sie bisher schon mit Ihrem Kind gemacht haben, sind nach wie vor beliebt. Natürlich werden sie mit der Zeit alle etwas schneller und wilder. Und oft gehen die Bewegungen von Ihrem Kind aus. Sie brauchen also nur noch mitzumachen.

Fünftes Kapitel

Das zweite Lebensjahr

Zwölf Monate hat Ihr Kind nun fleißig geübt und dabei eine Reihe großartiger Fähigkeiten erworben. Es kann stehen, krabbeln, sitzen und beinahe schon laufen. Jetzt will es auch zeigen, was es kann. Mobil, wie es ist, möchte es seine Umgebung erobern, seine Freiheit, sich selbstständig fortzubewegen, auch auskosten. Tempo ist angesagt und viel Schwung. Nichts ist mehr vor ihm sicher. Es kommt überall hin, auch da, wo es nicht soll: an die steile Treppe zum Beispiel, an den heißen Herd, an Steckdosen, Fernseher, Schubladen oder an Zimmerpflanzen. Es ist unglaublich neugierig, will alles erforschen und erkunden, kennt aber die Gefahren noch nicht. Für die Eltern heißt das: aufpassen, aufpassen, aufpassen. Denn für eine optimale Entwicklung braucht das Kind die Bewegungsfreiheit, muss seinen Forscherdrang, so gut es geht, befriedigen können. Denn auch im zweiten Lebensjahr gilt es, noch eine Menge zu lernen. Und wer sein Kind genau anschaut, wird entdecken, dass jeden Tag irgendetwas Neues hinzukommt.

Die körperliche Entwicklung

Tempo ist angesagt und viel Schwung bei der Erforschung der eigenen Möglichkeiten.

Im zweiten Lebensjahr wächst das Kind nicht mehr so schnell wie in den letzten zwölf Monaten. Doch durchschnittlich rund zehn Zentimeter sind es auch in diesem und in den nächsten Jahren noch (gegenüber etwa 25 Zentimeter, die es im ersten Lebensjahr wächst).

Im Lauf der nächsten Monate wird es vollständig von der Babynahrung auf Erwachsenenkost umsteigen. Wenn Sie selbst sehr scharf, fett oder oft Geräuchertes essen, sollten Sie für Ihr Kind allerdings etwas milder kochen, damit es keine Verdauungsprobleme bekommt. Mit der Nahrungsumstellung entwickeln sich beim Kind auch Vorlieben für und Abneigungen gegen bestimmte Speisen. Es gibt keinen Grund, ihm irgendetwas aufzuzwingen. Alle Nährstoffe, die es braucht, bekommt es auch aus Lebensmitteln, die ihm schmecken. Auch bei den Essmengen ist keinerlei Zwang vonnöten. Einjährige Kinder spüren noch sehr genau, wie viel Nahrung ihr Körper benötigt. Das ist individuell sehr unterschiedlich: kleine, zierliche werden weniger essen als große. Temperamentvolle Kinder, die unentwegt in Bewegung sind, brauchen mehr als ruhige, die nicht so viel herumtoben. Vor allem aber brauchen sie ausreichend Flüssigkeit. Zwar weniger wie als Baby, doch bezogen auf ihr Körpergewicht immer noch erheblich mehr als ältere Kinder und Erwachsene.

Die Umgebung erkunden und Geschicklichkeit trainieren

Mit 18 Monaten sollte jedes Kind gut alleine laufen können. Viele beginnen jetzt schon aufrecht eine Treppe hinaufzusteigen (runter dauert es etwas länger, das ist schwieriger). Sie müssen sich dazu festhalten und setzen dabei immer den zweiten Fuß auf dieselbe Stufe wie den ersten. Bis zum zweiten Geburtstag steigt ein Kind in der Regel eine Treppe freihändig und ohne Probleme hinauf. Sessel und Stühle werden zu beliebten Kletterobjekten. Stürze, die meist sehr glimpflich verlaufen, bleiben natürlich nicht aus.

Die Hände werden von Tag zu Tag geschickter, die Koordination zwischen Hand, Finger und Augen immer besser. Sie können Ihrem Kind zum Essen jetzt schon einen Löffel geben. Das ist ein sehr kompliziertes Gerät und erfordert noch einige Übungszeit, bis die Mahlzeit ohne Probleme damit in den Mund gelangt. Die Fähigkeiten der Hände übt das Kind aber auch mit Perlen, die es auffädelt (beherrscht es etwa um den zweiten Geburtstag), Knöpfen und Knopflöchern oder sonstigen kleinen Dingen, mit denen es spielt.

Die geistige Entwicklung

Alle Sinnesorgane sind jetzt voll funktionstüchtig und ihr Zusammenspiel verfeinert sich immer mehr. Das bedeutet, dass das Kind seine Umwelt immer besser begreift und sich darin zurechtfindet. Der Tastsinn dominiert dabei allerdings noch immer. Das zeigt sich daran, dass Ihr Kind nach wie vor neue Gegenstände in den Händen dreht und wendet und dann genussvoll mit dem Mund daran weiter forscht. Optische und akustische Eindrücke werden immer wichtiger. So schaut es sich gerne gemeinsam mit Mutter oder Vater ein Bilderbuch an, hört, macht und unterscheidet verschiedenartige Geräusche. Nach und nach lernt das Kind seine räumliche Umgebung immer besser kennen. Es unterscheidet zwischen innen und außen, hohl und massiv, oben und

Kleine Persönlichkeit auch mit Blick aufs Essen

Obwohl das Essen durch den Einsatz eines Löffels wesentlich interessanter geworden ist, will Ihr Kind vielleicht nicht mehr alles essen. Es hat im Lauf der Zeit geschmackliche Vorlieben und Abneigungen entwickelt – wie Sie auch.
Damit es trotzdem alle wichtigen Nährstoffe, die für sein Wachstum wichtig sind, erhält, versuchen Sie so abwechslungsreich wie möglich zu kochen. Eine ausgewogene Ernährung ist wichtig.

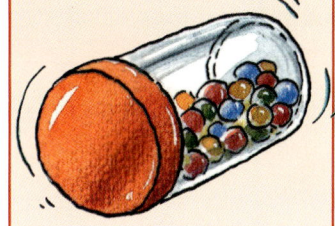

unten, hinten und vorne. Das zeigt sich in der Fähigkeit, Gegenstände nach Größe, Farbe und Form zu sortieren. Oder sich lange Zeit (10 bis 20 Minuten) konzentriert mit einem Spielzeug zu beschäftigen, wenn dieses aus mehreren Einzelteilen besteht. Einfache Spielzeuge, wie etwa ein Auto oder eine Rassel, faszinieren Ihr Kind meist nur noch kurze Zeit. Mit diesen räumlichen Erkenntnissen hängt auch die Vorliebe des Kindes zusammen, die Finger oder die ganze Hand in Hohlräume und Löcher zu stecken.

Räumliche Erfahrung und der Einsatz von Hilfsmitteln

Den großen Raum der Wohnung, von dem es umgeben ist, erobert sich das Kind, indem es unermüdlich herumkrabbelt oder läuft. Es lernt dabei Entfernungen kennen.

Am Ende des zweiten Lebensjahres finden sich Kinder schon recht gut in der Wohnung zurecht. Sie wissen, wo das Bad, die Küche oder das Schlafzimmer ist.

Neu ist die Art und Weise, wie das Kind an die Dinge herangeht. Hat das Baby in den letzten Monaten noch eher zufällig mit Spielzeug hantiert, bekommt das Ganze nun System. Will ein Kind jetzt beispielsweise ein Bauklötzchen vom Tisch holen, wird es mehrere Möglichkeiten ausprobieren: stoßen, pusten, schieben oder rollen – und das ganz bewusst. Außerdem lernt es Hilfsmittel zu be-

nutzen, etwa einen Stuhl heranzuschieben, um auf den Tisch klettern zu können, einen Stock zu nehmen, um den Ball unterm Sofa wieder hervorzubringen, und so weiter.

Erkennen und Erinnern: Die Steigerung der Gedächtnisleistung

Das sind große geistige Leistungen, die nur deshalb funktionieren können, weil sich das kindliche Gehirn weiterentwickelt hat und das Gedächtnis bereits einiges leistet. Mit eineinhalb Jahren kann ein Kind auch schon einfachere Zusammenhänge erkennen. Es weiß etwa, dass ein Spaziergang bevorsteht, wenn die Mutter mit der Jacke hereinkommt, oder dass jemand zum Telefon oder an die Tür gehen wird, wenn es klingelt. Es kann sich also erinnern, dass es schon einmal so war.

Die Sprach-
entwicklung

*I*m zweiten Lebensjahr versteht das Kind schon eine Menge von dem, was ihm gesagt wird. Es kann den Sinn erfassen, wenn die Mutter sagt: „Komm, wir gehen" oder „Fass das nicht an" oder „Zeige der Tante den Teddy".

Wenn es nicht abgelenkt wird, führt es Aufforderungen und Aufträge auch gleich aus. Weil es viel versteht, lernt es auch selbst neue Wörter hinzu, so-dass es am Ende des zweiten Lebens-jahres bereits einfache Zwei- und Dreiwortsätze sprechen kann.

In der ersten Hälfte des zweiten Lebensjahres kommen meist nur we-nige neue Wörter hinzu – besonders bei sehr lebhaften Kindern. Sie sind so sehr damit beschäftigt, laufen zu lernen, durch die Wohnung zu toben, ihrem Bewegungsdrang nachzuge-ben, dass es so aussieht, als wollten sie nicht sprechen lernen.

Doch das täuscht. Sie beginnen damit eben erst später; im zweiten Halbjahr oder auch erst nach dem zweiten Geburtstag. Verstehen können auch Kinder, die jetzt noch nicht so gut sprechen.

Es ist eine schwierige Angelegenheit und eine große geistige Anstrengung für das Kind, nicht nur Wörter auszu-sprechen, sondern auch die richtigen Begriffe zu lernen. So kommt es häu-fig vor, dass Kinder für die unter-schiedlichsten Dinge denselben Begriff verwenden: beispielweise zu allem, was haarig ist (Hund, Rasierpinsel, Zopfpuppe) „wau-wau" sagen oder „Auto" zu allem, was Räder hat (das kann auch die Ente auf vier Rollen sein). Das kommt daher, dass Kinder sich erst einmal nur ein-zelne, ganz bestimmte Merkmale ein-prägen, wenn sie einen Begriff lernen. Zum Beispiel beim Auto: Das hat vier Räder, also ist alles, was vier Räder hat, ein Auto.

Erst nach und nach kann es genauer differenzieren. Natürlich nur dann, wenn seine Fehler immer wieder kor-rigiert werden. Das geschieht am bes-ten dadurch, dass Mutter oder Vater ohne weiteren Kommentar das rich-tige Wort sagen. Denn der Hinweis „Das ist falsch" oder Ähnliches wür-de das Kind verunsichern und ihm die Freude am Sprechen nehmen.

Trotz sehr unterschied-licher Erscheinungs-formen wählen Kinder am Anfang ihrer Sprach-entwicklung zu Dingen mit ähnlicher Grund-struktur dasselbe Wort. Dies setzt aber schon ein Abstraktionsvermögen voraus.

Die soziale Entwicklung

Kinder können sehr ungeduldig im Hinblick auf ihre eigene Entwicklung sein: Alles geht ihnen einfach nicht schnell genug und Verbote stören entsetzlich. Das führt zu Frust und damit verbunden zu Trotzanfällen, die mehr oder weniger stark ausfallen können. Eigentlich nichts Schlimmes, wenn da nicht die Umwelt mit ihrem fehlenden Verständnis wäre.

Ihr Kind ist jetzt schon eine richtige kleine Persönlichkeit. Mit aller Macht will es selbstständig werden. Doch das ist gar nicht so einfach. Einerseits fühlt es sich großartig, denn es kann sich aus eigener Kraft fortbewegen, den Dingen seinen Willen aufzwingen, seine Umwelt regelrecht erobern. Auf der anderen Seite machen ihm diese Fähigkeiten auch Angst. Es fühlt zum ersten Mal, dass es keine Einheit mehr mit der Mutter ist, dass es sich unterscheidet von den übrigen Menschen seiner Umgebung. Deshalb ist der scheinbare Widerspruch, dass das Kind einerseits der Draufgänger ist, der weg will, und andererseits ängstlich am Rockzipfel seiner Mutter hängt, ganz normal.

Hinzu kommt, dass ihm vieles, was es machen möchte, nicht sofort gelingt. Oder dass es Dinge nicht haben kann, die es sieht und gerne ergreifen möchte. Oder dass es sich Verboten fügen muss, die die Eltern aussprechen, um es vor Gefahren zu schützen. Das alles macht es zornig und wütend. Regelrechte Ausbrüche, bei denen es schreit, sich auf den Boden wirft, sein Spielzeug in die Ecke feuert oder mit den Füßen aufstampft, können an der Tagesordnung sein. Es gibt so viel Neues zu entdecken und zu erproben.

Doch so etliches will einfach nicht gelingen. Die geistigen Fähigkeiten sind den körperlichen manchmal einfach ein wenig voraus. Das kann auch dazu führen, dass Ihr Kind nachts plötzlich wieder aufwacht und getröstet werden möchte. Tun Sie es, leiten Sie es auch am Tag liebevoll. Aber zeigen Sie ihm auch konsequent seine Grenzen.

Konsequentes Verhalten der Eltern ist jetzt besonders wichtig. Denn das Kind versucht ja nicht nur, Gegenstände seiner Umgebung genauer kennen zu lernen, sondern auch die Menschen. Verhalten sich diese jedoch ständig anders, ist es sehr schwer für das Kind, sie einzuschätzen, ihre Reaktionen und ihr Verhalten vorauszuberechnen. Ganz besonders bei Verboten sollten Sie deshalb immer genau überprüfen: Ist es wirklich notwendig, halten Sie das Verbot auch durch (wenn sich Ihr Kind schreiend auf den Boden wirft, zum Beispiel)! Wenn Sie Ihrem Kind etwa heute erlauben, mit Ihnen in der Küche „zu kochen", es ihm aber morgen verbieten, verwirren Sie es und fordern trotziges, ängstliches oder wütendes Verhalten geradezu heraus.

Die besten Förderspiele

A m liebsten machen Kinder das, was auch die Erwachsenen tun. Sie sind unermüdliche Nachahmer. Die schönsten Spiele sind deshalb auch die Tätigkeiten, mit denen die Mutter oder der Vater gerade beschäftigt sind: Kochen, Aufräumen, Zeitung lesen, Staub saugen, Baden und so weiter. Lassen Sie Ihr Kind mitmachen, denn Sie fördern dabei seine Selbstständigkeit, seine Geschicklichkeit und auch seine geistige Entwicklung. Bieten Sie Ihrem Kind die nachfolgenden Spiele an. Sie fördern all die Fähigkeiten, die es im zweiten Lebensjahr erwirbt. Sie regen die Sinne, die Wahrnehmungsfähigkeit, die Geschicklichkeit und die Kreativität an. Jedes Spiel erfüllt immer gleichzeitig mehrere Funktionen. Zur besseren Übersicht sind sie hier in Gruppen eingeteilt, die immer das Hauptmerkmal bezeichnen. Dennoch fördern sie mit einem Bewegungsspiel natürlich auch andere Fähigkeiten als nur die Motorik, denn Ihr Kind sieht etwas dabei, hört etwas (wenn Sie dabei eine Geschichte erzählen oder ein Lied singen) und ist geistig gefordert.

Lassen Sie immer Ihr Kind bestimmen, ob und wie lange es ein Spiel machen will, und stören Sie es nicht, wenn es sich gerade selbst intensiv mit etwas beschäftigt.

Spiele zum Denken und Gestalten

● **Entdeckungsreisen:** Machen Sie Ihr Kind beim Spaziergang auf Ziele aufmerksam; etwa in der Art wie: „Jetzt kommen wir gleich zur gelben Telefonzelle." Anfangs sollten Sie immer nur ein Ziel nennen, das nicht weiter als 40 oder 50 Meter entfernt ist.

Im Laufe des Jahres können Sie dann weiter entfernte Ziele nennen und auch mehrere hintereinander, zum Beispiel: „Gleich sind wir an der Ampel und dann kommen wir am Bäcker vorbei."

Entdecken lassen sich beispielsweise auch Bäume und ihre unterschiedlichen Blätter. Pflücken Sie ruhig einmal zwei, drei Blätter von verschiedenen Bäumen ab und geben Sie sie Ihrem Kind, damit es sie untersuchen, den Unterschied feststellen kann.

● **Ursache und Wirkung:** Zeigen Sie Ihrem Kind, wie man einen Wasserhahn aufdreht. Es lernt dabei den Zusammenhang – aufdrehen, Wasser fließt.

Lassen Sie einen kleinen Ball ins Wasser plumpsen (am besten in der Badewanne). Erst aus geringer Höhe, da spritzt es nur ganz wenig. Von weiter oben spritzt es mehr.

Bewegliche Katzenmutter und Katzenkind

Eine selbst gebastelte Katzenmutter mit Kind, aus Karton ausgeschnitten und an einem Faden an der Decke befestigt,

drehen sich wunderbar, wenn sie je eine frei bewegliche Spirale als Schwanz erhalten. Zum Schluss nur noch anmalen, ein paar Barthaare aufkleben – und fertig ist das Paar, unter dem man sich wunderbar selbst mitdrehen kann.

Lassen Sie Ihr Kind eine Kerze ausblasen (vor der Hitze warnen!). Was passiert dabei? Erst flackert die Flamme, dann geht sie aus und am Ende raucht es nur noch.

● **Entscheiden:** Mit knapp eineinhalb Jahren lernt Ihr Kind schon kleinere Entscheidungen zu treffen. Legen Sie ihm beispielsweise einen Keks, ein Stück Apfel und ein Stück Banane hin und fordern Sie es auf, sich ein Stück herauszusuchen. Am Anfang will es wahrscheinlich noch alle drei Teile. Doch bald wird es sich für eines oder zwei entscheiden.

Eine großartige geistige Leistung, denn es muss sich an den Geschmack erinnern, muss die Dinge im Geist vergleichen und überlegen, was ihm lieber ist. Drängen Sie es aber nicht, wenn es sich nicht sofort entscheiden kann oder überhaupt nichts will. Schließlich soll das ein Spiel sein und Freude machen. Entscheidungsspiele können Sie auch mit anderen Dingen machen: mit Söckchen (die roten oder die gelben), mit Spielzeug (die Puppe oder der Teddy), mit Getränken (Kakao oder Milch).

● **Sortieren:** Spätestens jetzt sollte Ihr Kind Bauklötze haben. Mit ihnen lassen sich viele faszinierende Spiele spielen, die alle möglichen Fähigkeiten anregen: Denken, Kreativität, Geschicklichkeit, genaues Sehen und dergleichen mehr.

Lassen Sie Ihr Kind eine Kiste Bausteine auf die Erde schütten. Dann darf es sie sortieren. Nach Größe, Form und Farbe jeweils ein Häufchen machen. Es kann aber auch andere Dinge sortieren, zum Beispiel Besteck, Spielzeugautos, Papierschnipsel, Stifte, Wäsche, Socken und so weiter.

● **Bauen:** Aus Bauklötzen lassen sich die interessantesten Dinge bauen: Mauern, Türme, Häuser, Autos, Eisenbahnen. Anfangs sollten Sie noch mit Ihrem Kind gemeinsam bauen, damit es sieht, was sich alles machen lässt. Akzeptieren Sie dabei seine Wünsche, wenn es einen Baustein irgendwohin legen möchte. Auch wenn er nicht in Ihr „Gebäude" passt.

● **Muster:** Aus Bausteinen, Bildern und anderen Materialien lassen sich wunderbar verschiedene Muster legen oder bauen. Zeigen Sie Ihrem Kind, wie eine Bausteinmauer oder ein Turm aussieht, wenn sie aus verschiedenfarbigen Bausteinen gebaut werden – rot, gelb, rot-gelb zum Beispiel. Es wird ihm jetzt noch nicht ganz gelingen, das genau nachzumachen. Doch es kann bereits eigene Muster erfinden.

Jetzt eignen sich auch Spielsachen, die sich zerlegen und wieder zusammensetzen lassen, beispielsweise einfache Holztiere, die aus mehreren Teilen bestehen. Da lässt sich forschen und erfinden.

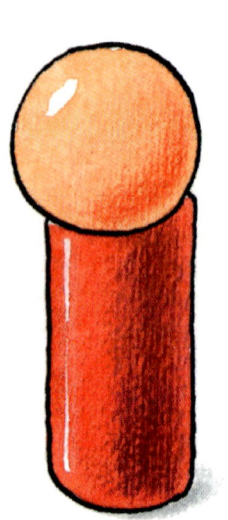

Generationen haben schon mit ihnen gespielt – den Bauklötzen. Reich an Formen und eventuell auch an Farben, lassen sich mit ihnen die vielfältigsten Bauwerke zaubern oder einfach auch Muster legen.

Bewegungsspiele

● **Hüpf-Hasen:** Sie und Ihr Kind sind Hasen. Sie gehen beide in die Hocke und hüpfen dann um die Wette los. Auf einem Stuhl am anderen Ende des Zimmers liegt eine Möhre (oder sonst eine kleine Belohnung). Ist der Hase dort angekommen, gehört sie ihm. Kommt Ihr Kind noch nicht aus der Hocke hoch, kann es auch aus dem Stand loshüpfen.

● **In die Arme:** Gehen Sie in ein paar Metern Entfernung von Ihrem Kind in die Hocke, breiten Sie die Arme aus und rufen Sie es zu sich. Egal, ob es angekrabbelt oder angelaufen kommt, heben Sie es, sobald es da ist, unter den Armen hoch in die Luft. Das ist ein Mordsspaß.
Eine „Belohnung" fürs Ankommen kann auch sein, dass Sie es hochheben, hinter Ihren Kopf auf die Schultern setzen und damit durch die Wohnung hüpfen (gut an den Unterarmen festhalten!).

● **Schlangenjagd:** Sie nehmen eine längere Schnur oder ein Band und ziehen diese über den Boden. Ihr Kind soll dem Ende nachlaufen und, wenn es nahe genug heran ist, darauf treten, sodass Sie anhalten müssen. Das ist eine sehr schwierige Übung. Damit es Spaß macht, sollten Sie dafür sorgen, dass es das Ende der Schnur mit seinen Füßen auch erwischt. Hat es ein paar Mal getroffen, darf es die Schnur für Sie über den Boden ziehen.

● **Sprungschanze:** Lassen Sie Ihr Kind von etwas herunterspringen. Am Anfang von ganz niedrigen Dingen, etwa von einer Matratze, die am Boden liegt. Später kann die Höhe langsam gesteigert werden – Fußschemel, Treppenstufe, Stuhl, Sessel oder Sofa. Am besten machen Sie Ihrem Kind vor, wie das geht. Sie stellen sich darauf, wie ein Skispringer, mit den Armen nach hinten, springen und gehen dabei tief in die Knie. Ein Wettspringen macht das Ganze noch spannender.

● **Klettermaxe:** Das ist eine Abwandlung des Kletterspiels, das Sie schon mit Ihrem Baby gemacht haben. Sie nehmen Ihr Kind an beiden Unterarmen, hinter den Handgelenken, und lehnen sich ein wenig zurück. Jetzt kann das Kind an Ihnen hochklettern. Wenn Sie dabei noch in die Knie gehen, hat es am Anfang eine höhere Stufe zu bewältigen.

● **Entenwettlauf:** Kinder ziehen sehr gerne etwas hinter sich her. Nehmen Sie eine Ziehente (oder

*Um die Koordinations-
fähigkeit Ihres Kindes zu
unterstützen, eignet sich
das Windmühlespiel:
Dabei kreist zunächst ein
Arm in der Luft und an-
schließend der andere.
Dann bewegen sich beide
Arme in derselben Rich-
tung. Zu guter Letzt wird
der Versuch gemacht,
beide Arme in entgegen-
gesetzter Richtung kreisen
zu lassen.*

irgendetwas anderes, das an einer Schnur befestigt ist) und geben Sie Ihrem Kind ebenfalls eine. Dann laufen Sie beide los, entweder nebeneinander oder hintereinander. Irgendwann fängt dann die eine „Ente" die andere, indem sie zusammenstoßen. Dasselbe geht auch sehr gut mit einem Schiebespielzeug an einer Stange. Da heißt es allerdings aufpassen, dass das Kind nicht vor lauter Eifer und Eile über das Spielzeug stürzt und sich verletzt.

● **Rund um den Tisch:** Spielen Sie mit Ihrem Kind Fangen. Dabei laufen, krabbeln oder rutschen Sie hinter Ihrem Kind im Kreis um einen Tisch oder Stuhl. Spätestens nach der dritten Runde sollten Sie Ihr Kind fangen oder sich fangen lassen. Und dann das Ganze in entgegengesetzter Richtung.

● **Eisenbahn:** Dazu brauchen Sie zwei längere Stäbe. Das eine Ende nehmen Sie in je eine Hand, das andere Ende bekommt Ihr Kind. Zuerst darf Ihr Kind die Lokomotive sein, also vorne gehen, danach Sie. Bei Ihrer „Fahrt" durch die Wohnung, um Tische und Stühle herum, machen Sie Zuggeräusche.
Auf diese Weise können Sie mit Ihrem Kind auch „Auto" spielen (mit den entsprechenden Geräuschen) oder „Safari", indem Sie ein Tuch oder ein Spielzeug an einen oder beide Stäbe hängen. Anfangs werden Sie Ihr Kind noch ein wenig lenken müssen (durch leichten Druck der Stäbe). Doch schon bald wird es den Weg alleine

beherrschen und die Richtung selbst angeben.

● **Strandläufer:** Auf einer weichen Unterlage, einem Bett oder einer Matratze auf dem Boden, wird ein Wettrennen gemacht. Wer hinfällt, wird gekitzelt. Im Sommer lässt sich dieses Spiel natürlich ganz vorzüglich am Strand spielen. Weicher Sand fühlt sich auch noch ganz besonders angenehm und warm an. Statt eines Wettrennens können Sie auch ein Fangspiel veranstalten.

● **Kopfstand:** Ihr Kind liegt auf dem Rücken. Sie ziehen es langsam an den Füßen hoch, bis es senkrecht ist. Wenn es ihm Spaß macht, können Sie es auch einige Zentimeter über dem Boden baumeln lassen. Dann lassen Sie es langsam wieder herunter in seine Ausgangslage. Versucht es im „Kopfstand" mit den Händen am Boden Halt zu suchen, lassen Sie es in die Bauchlage wieder herunter.

● **Treppenlaufen:** Nehmen Sie Ihr Kind an der Hand und „laufen" Sie eine Treppe hinauf und wieder hinunter. Das Kind sollte mindestens schon 18 Monate alt sein und die Treppe muss nicht höher als drei Stufen sein. Wenn Ihr Kind schon sicher ist, können Sie die letzte Stufe auch hinunterspringen.

● **Daumenschrauben:** Ihr Kind darf sich an Ihren Daumen mit seiner ganzen Hand festhalten. Dann ziehen Sie es hoch, bis seine Füße den Boden nicht mehr berühren. Sobald Sie merken, dass der Griff nachlässt, lassen Sie es wieder herunter.

● **Rollen:** Sie legen sich auf den Boden und rollen seitwärts davon. Ihr Kind soll es nachmachen. Sie können sich nebeneinander legen und voneinander wegrollen, danach wieder zueinander hinrollen.

Im Sommer lässt sich dieses Spiel wunderbar auf einer leicht abschüssigen Wiese spielen (da müssen Sie nicht unbedingt mitmachen). Der Hang sollte aber nicht zu steil sein, sonst bekommt Ihr Kind zu viel Schwung.

● **Radfahren:** Ihr Kind liegt auf dem Rücken. Sie nehmen seine Füße und machen damit kreisende Bewegungen, wie beim Radfahren.

Wenn Sie das mehrmals mit Ihrem Kind gemacht haben, können Sie sich auch selbst auf den Boden legen, gegenüber von Ihrem Kind, und die Radfahrbewegungen mit Ihren Fußsohlen dirigieren.

● **Brücke:** Machen Sie für Ihr Kind eine Brücke, unter der es durchkriechen kann. Am besten mit Ihrem eigenen Körper, zwischen Knien und Armen.

Die Brücke können Sie dann in Höhe und Breite immer verändern, kleiner oder größer werden lassen. Das macht umso mehr Spaß.

● **Fliegen:** Dazu sind zwei Erwachsene nötig. Sie nehmen das Kind an den Unterarmen (an den Händen ist zu unsicher) zwischen sich, laufen los, und sobald das Kind die Geschwindigkeit nicht mehr mithält, heben Sie es hoch und lassen es zwischen sich „fliegen". Wichtig ist, dass Sie nie mit einem Ruck hochreißen, sonst könnten Sie seine Schultergelenke verletzen.

Eine andere Variante des Fliegerspiels: Beide Eltern nehmen das Kind hoch. Einer an den Armen, der andere an den Beinen. Dann lassen Sie Ihr Kind hin und her, auf und ab fliegen.

● **Storch:** Sie stehen auf einem Bein und fordern Ihr Kind auf, das Gleiche zu tun. Dann wechseln Sie und stehen auf dem anderen Bein.

Dabei können Sie die Geschichte des Storchs erzählen, wie er, immer lange auf einem Bein stehend, langsam über die Wiese stapft, um Frösche zu suchen.

Ballspiele

● **Rollen:** Lassen Sie Ihr Kind am Boden sitzen und rollen Sie ihm aus kurzer Entfernung einen Ball zu, den es auffangen und zurückrollen soll.

● **Verstecken:** Verstecken Sie den Ball unter einem Kissen. Das Kind soll danach suchen. Danach darf es selbst den Ball verstecken und Sie müssen suchen. Natürlich finden Sie ihn nicht sofort.

● **Schiefe Ebene:** Sie sitzen auf einem Stuhl mit ausgestreckten Beinen. Über diese schiefe Ebene kann Ihr

Das Ball-Rollen-Spiel kann Ihr Kind einmal mit gestreckten Beinen machen, dann mit gegrätschten Beinen und anschließend aus dem Schneidersitz und aus der Hocke.

Kind den Ball rollen lassen. Wenn es sich geschickt bei Ihren Füßen aufstellt, kann es ihn sogar fangen. Sonst muss es ihm durch die Wohnung nachlaufen, um ihn wieder auf Ihrem Schoß zu platzieren.

● **Tunnel:** Sie stellen sich mit gegrätschten Beinen auf. Ihr Kind steht hinter Ihnen. Lassen Sie den Ball zwischen Ihren Beinen hindurch nach hinten rollen. Dann das Ganze umgekehrt: Das Kind lässt den Ball zwischen seinen Beinen zu Ihnen rollen. Sind mehrere Leute (oder noch größere Kinder) da, kann der Ball durch einen langen Tunnel von hintereinander stehenden Leuten rollen.

● **Werfen:** Ein Papierkorb, ein großer Kochtopf oder eine aus Kissen gebaute Kuhle eignen sich als Wurfziele. Der Ball sollte möglichst aus weichem Material sein. Dann dürfen Wurfübungen gemacht werden. Erst einfach von oben hineinfallen lassen. Dann immer weiter vom Ziel weggehen. Wie weit schafft es das Kind schon?

Spiele für die Hände

● **Malen:** Setzen Sie sich mit Ihrem Kind an den Tisch. Jeder sollte ein großes Stück Papier vor sich haben. Jetzt „malen" Sie mit einem Farbstift auf Ihr Papier Kreise und Striche. Das Kind darf auf sein Papier malen. Der Stift sollte am Anfang

Den oder die Finger in Farbe zu tauchen und dann zu malen, kommt dem Freiheitsdrang Ihres Kindes sehr entgegen.

noch möglichst dick sein (zum Beispiel Wachsmalkreide), damit ihn das Kind gut in die Hand nehmen kann. Zu diesem Malspiel können Sie auch ein Lied singen oder Verse sagen und dann „malen" Sie beide im Rhythmus dazu.

Großen Spaß macht es Kindern auch, mit Fingerfarben zu malen. Dazu brauchen sie möglichst viel Papier und zwei, drei verschiedene Farbtöpfe, in die sie ihre Hände eintauchen können. Anfangs reicht auch eine einzige Farbe aus. Wichtig ist, dass das Kind viel Platz zum Malen hat. Das heißt großflächiges Papier (eventuell billige Tapetenrollen oder abgerolltes Packpapier), das auf dem Boden ausgelegt oder über den ganzen Tisch ausgebreitet wird. Denn das Kind malt noch mit dem ganzen Körper.

● **Kneten:** Mit nassem Sand, Knetmasse oder Kuchenteig lassen sich die schönsten Figuren zaubern. Ihr Kind sollte oft Gelegenheit haben, irgendetwas zu kneten. Das macht sehr viel Spaß und die Hände geschickter.

● **Perlenkette:** Aus bunten Holzkugeln, kleinen Glöckchen, größeren und kleineren Knöpfen mit unterschiedlichen Formen lässt sich eine wunderbare lange Kette basteln. Die kann Ihr Kind durch die Hände gleiten lassen, die einzelnen Bestandteile befühlen, Töne hervorrufen oder, wenn es schon größer ist, damit Formen legen. Wichtig ist, dass die Teile auf einem stabilen Faden aufgefädelt werden (zum Beispiel dünne Anglerschnur) und dass die Holzperlen farbfest sind. Denn sicher wird die Kette auch ab und zu in den Mund wandern.

● **Tauschen:** Sie geben Ihrem Kind etwas in die Hand und nehmen selbst etwas anderes in die Hand. Dann tauschen Sie die Gegenstände mit Ihrem Kind. Benennen Sie sie aber jedes Mal dabei. Zum Beispiel: „Du gibst mir die Ente, ich gebe dir dafür das Auto." Das Spiel kann noch erheblich spannender werden, wenn Sie die Tastempfindung dazu sagen. Etwa so: „Ich habe einen Teddy in der Hand, der ist weich. Was hast du in der Hand? Ist es ein Baustein, der glatt ist? Wollen wir tauschen? Du gibst mir den glatten Baustein, ich gebe dir den weichen Teddy."
Nehmen Sie für das Spiel möglichst viel unterschiedliches Material. Nicht alles auf einmal, sondern für jedes Spiel etwas anderes. Dann lernt Ihr Kind Eigenschaften wie warm, kalt, rau, glatt, hart, weich.

● **Erfühlen:** Stecken Sie zwei Gegenstände, die Ihr Kind schon kennt (zum Beispiel einen Apfel und eine Banane, einen Löffel und einen Baustein, ein Auto und einen kleinen Ball), in einen Beutel oder eine Tüte. Lassen Sie das Kind hineingreifen (nicht hineinschauen) und einen von Ihnen gewünschten Gegenstand herausholen. Von Monat zu Monat können Sie mehr Dinge in den Beutel tun, aus dem Ihr Kind dann das richtige Teil „erfühlen" muss.
Beherrscht Ihr Kind das noch nicht so gut, können Sie auch mit einer einfacheren Variante beginnen. Sie legen mehrere Dinge in den Beutel. Ihr Kind darf immer ein Teil herausholen. Sie nehmen es und sagen, was es ist. Dann verschwindet es wieder im Sack.

● **Himpelchen und Pimpelchen, ein altbekanntes Daumenspiel:** Der Daumen der einen Hand ist Himpelchen, der der anderen Pimpelchen. Die Hände werden zur Faust geballt, und Himpelchen und Pimpelchen schauen aus dieser Faust heraus. Entweder werden die beiden Daumen einfach hochgestreckt oder, das ist die schwierigere Variante, sie lugen zwischen Zeige- und Mittelfinger hervor. Dazu der Vers, wobei die Bewegungen der beiden Figuren mit der Faust nachgeahmt werden:

Nicht unwichtig: Rituale zum Einschlafen

So viele neue Eindrücke und Ereignisse hat jeder Tag zu bieten, dass das Einschlafen am Abend nicht immer leicht fällt. In diesem Fall helfen Einschlafrituale ganz besonders, denn sie lassen Ihr Kind zur wohl verdienten Ruhe kommen. Nichts Neues und schon wieder Aufregendes kommt auf das Kind zu, sondern etwas Bekanntes, bei dem es in aller Ruhe einschlafen kann, auf das es nicht sonderlich achten muss. Helfer können sein: eine Spieluhr, eine kurze Geschichte, ein Schattenspiel an der Wand …

Auch eine Spieluhr mit einer hübschen Melodie kann beim Einschlafen helfen.

*Himpelchen und Pimpelchen
Stiegen auf einen Berg.
Himpelchen war ein Heinzelmann
Und Pimpelchen war ein Zwerg.
Sie blieben dort oben
lange sitzen und
Wackelten mit ihren Zipfelmützen.
Doch nach fünfundsiebzig Wochen
Sind sie in den Berg gekrochen.
Schlafen dort in guter Ruh.
Sei mal still und hör gut zu: Krrrrr!*

Dieses Spiel eignet sich besonders gut als Ritual zum Einschlafen.

Spiele zum Hören

● **Instrumente:** Jede Art von Lärm ist Musik in Kinderohren. Und fast aus allem lässt sich ein „Instrument" dafür bauen. Nehmen Sie beispielsweise leere Joghurtbecher und füllen Sie diese mit unterschiedlichen Materialien: Sand, Erbsen, Murmeln, Kieselsteinen, Knöpfen. Mit einer Folie und einem Gummi verschließen Sie die Becher (dasselbe geht natürlich auch mit leeren Marmelade- oder Senfgläsern, da sollten Sie allerdings dabei sein, falls etwas zu Bruch geht). Schon haben Sie wundervolle Rasseln.

Aus Papprollen lassen sich hervorragende Trompeten machen. Man muss nur am Ende „hineintröten".

An Hausschuhe oder Handschuhe können Sie Glöckchen nähen. Dann kommt die Musik mit dem Tanz.

Leere Konservendosen (über die scharfen Kanten kleben Sie am besten ein Stück Klebestreifen) eignen sich als Glockenspiel. Man kann sie aufeinanderstellen und mit einem anderen Gegenstand (zum Beispiel einem Baustein oder einem Kochlöffel) anschlagen. Sind die Dosen verschieden groß, entsteht eine richtige Melodie. Fällt der Turm um, gibt es nochmals ein wunderschön lautes Geräusch.

● **Erstes Musikinstrument:** Dies wird Ihrem Kind schon viel Spaß machen, zum Beispiel eine Mundharmonika, eine Triangel, Schellen und natürlich eine Trommel. Damit sollte es so viel Musik machen dürfen, wie es will. Schön ist es, wenn Sie selbst ein Instrument spielen und gemeinsam mit dem Kind „Musik" machen.

● **Rhythmik von Versen:** Das macht jedem Kind Freude. Verse eignen sich zum Trösten, zum Aufmuntern und dazu, sich einfach so mit Ihrem Kind zu beschäftigen. Lesen Sie ihm gereimte Bilderbücher vor und sprechen Sie ihm auch sonst, so oft es geht, Verse vor, denn das macht ihm viel Spaß.

*Muh, muh, muh,
So ruft im Stall die Kuh.
Sie gibt uns Milch und Butter.
Wir geben ihr das Futter.
Muh, muh, muh,
So ruft im Stall die Kuh.*

Um die Ecke trabt 'ne Katze,
Aus dem Haus
Kommt eine Maus.
Hieb der Katze mit der Tatze
Nach dem Schmaus –
Aus ...
Denkste! Ausgerissen
Ist der Leckerbissen.
Die Moral von dem Gedicht:
Mäuse mögen Katzen nicht.
                    (Werner A. Fischer)

Viktoria, Viktoria!
Der kleine weiße Zahn ist da.
Du, Mutter, komm,
Und groß und klein
Im Hause, kommt und guckt hinein
Und seht den hellen weißen Schein.
                    (Matthias Claudius)

Vier Beine und zwei Ohren,
Zwei Augen kugelrund
Und eine spitze Schnauze,
Die hat mein kleiner Hund.
Er hat auch scharfe Zähne,
Schau ihn nur richtig an:
Ganz hinten sitzt das Schwänzchen,
Damit er wedeln kann.

Heile, heile Segen,
Drei Tage Regen,
Drei Tage Schnee,
Und schon tut's nicht mehr weh.

● **Singen:** Singen Sie Ihrem Kind jeden Tag Lieder vor: beim Spielen, bei der Hausarbeit, auch durchaus beim Einkaufen – immer wenn Sie gerade Lust dazu haben. Singen, also Musik, sollte ganz selbstverständlich werden.
Schon bald wird es versuchen, mitzusingen und wahrscheinlich kann es am Ende des zweiten Lebensjahres schon ein paar Lieder auswendig.
Wie schon einmal gesagt: Es macht nichts, wenn Sie nicht besonders gut singen können.

Haben Sie zu große Hemmungen, allein zu singen, können Sie auch eine Kassette oder CD mit Kinderliedern kaufen und dann gemeinsam mit Ihrem Kind „mitsingen".

Auch die Texte müssen Sie nicht unbedingt vollständig beherrschen. Worauf es ankommt, sind die unterschiedlichen akustischen Reize, die Ihr Kind dabei aufnimmt, und das Gefühl für Rhythmus, das es dabei entwickelt.
Außerdem lässt es sich beim Singen wunderbar mitklatschen, trommeln und natürlich auch tanzen. Singen ist eine Stimulanz für den ganzen Körper und es regt gleichzeitig den Geist an.

Hier noch einige Liedvorschläge:

Alle meine Entchen
Schwimmen auf dem See,
Schwimmen auf dem See.
Köpfchen unter Wasser,
Schwänzchen in die Höh.

Summ, summ, summ,
Bienchen, summ herum.
Ei, wir tun dir nichts zu Leide,
Flieg nur aus, in Wald und Heide.
Summ, summ, summ,
Bienchen, flieg herum.

Kuckuck, Kuckuck,
Ruft's aus dem Wald.
Lasset uns singen,
Tanzen und springen,
Frühling, Frühling,
Wird es nun bald.

Laterne, Laterne,
Sonne, Mond und Sterne,
Brenne auf mein Licht,
Brenne auf mein Licht,
Aber nur meine liebe Laterne nicht.

Spannenlanger Hansel,
Nudeldicke Dirn,
Gehn wir in den Garten,
Schütteln wir die Birn.
Schüttel ich die großen,
Schüttelst du die klein',
Wenn das Säckchen voll ist,
Gehn wir wieder heim.

Lauf doch nicht so schnelle,
Spannenlanger Hans,
Ich verlier die Birnen
Und die Schuh noch ganz!
Trägst ja nur die kleinen,
Nudeldicke Dirn,
Und ich schlepp den schweren
Sack mit den großen Birn'.

A, B, C, die Katze lief im Schnee.
Und als sie dann nach Hause kam,
Da hatt' sie weiße Stiefel an,
O jemine, o jemine,
Die Katze lief im Schnee.

Spiele zum Schauen

● **Suchspiele sind jetzt ein großer Renner:** Sie legen unbeobachtet ein Spielzeug mitten in den Raum und fragen: „Wo ist der Ball (das Auto, der Teddy, die Puppe)?" Das Spiel steigert seinen Schwierigkeitsgrad, wenn Sie den Gegenstand beim nächsten Mal auf den Tisch, unter den Stuhl, aufs Sofa und so weiter legen.

Verstecken Sie Spielzeug, das neu ist oder mit dem Ihr Kind schon lange nicht mehr gespielt hat, das es aber gerne mag. Als Belohnung fürs Finden darf es das Spielzeug behalten. Wenn das Versteck nicht offensichtlich ist (offensichtlich allerdings nur für Erwachsene; für ein ein- oder eineinhalbjähriges Kind ist es eine sehr schwierige Aufgabe, ein solches Spielzeug zu finden), sollte Ihr Kind zu Beginn des zweiten Lebensjahres noch zusehen dürfen, wo Sie die Dinge hinlegen. Sonst hat es keine Chance sie wiederzufinden. Erst gegen Ende des zweiten Lebensjahres wird es ein Spielzeug vielleicht auch dann finden, wenn es an dieser Stelle schon öfter etwas gefunden hat, zum Beispiel unter seinem Kissen im Bett. Kann Ihr Kind schon etwas besser sprechen, können Sie dieses Versteckspiel machen: Sie nehmen ein paar Dinge, die es bereits benennen kann, und legen sie hinter sich (oder hinter einen Schirm, ein Schränkchen). Dann nehmen Sie immer ein Stück hoch und zeigen es mit der Frage: „Was ist das?" Für die richtige Bezeichnung wird es kräftig gelobt.

Die schwierigere Variante: Sie halten den Gegenstand kurz hoch, lassen ihn wieder verschwinden und fragen dann, was Ihr Kind gesehen hat. Je besser das Spiel klappt, desto kürzer sind die Zeiten des Hochhaltens.

Sie verstecken sich selbst hinter einem Vorhang, Schrank oder Tisch.

Das Kind soll Sie suchen. Machen Sie Geräusche, damit es Sie leichter findet.

Ihr Kind darf sich verstecken. Sie suchen es, finden es aber nicht. Dann rufen Sie: „Zeig deinen Arm

(dein Bein, Fuß, Kopf, Hand)." Jetzt soll das Kind den jeweils angesprochenen Körperteil aus seinem Versteck herausstrecken. Das dauert sicher eine Weile, bis es klappt.

● **Figuren:** Aus Spielsachen lassen sich auch geometrische Figuren legen: Kreis, Dreieck, Viereck, Quadrat. Machen Sie es Ihrem Kind vor und lassen Sie es nachmachen. Das regt die Abstraktionsfähigkeit (die fürs Denken und Sprechen wichtig ist) an.

● **Was siehst du?:** Lassen Sie Ihr Kind aus dem (geschlossenen) Fenster schauen und machen Sie es auf alles aufmerksam, was zu sehen ist – Bäume, Blumen, ein anderes Haus mit Fenstern, eine Tür, Autos, Menschen (Frauen, Kinder, Männer). Dann fragen Sie: „Was siehst du?"

Abgewandeltes Memory-Spiel als Training

Wie sie es machen, bleibt vielen Erwachsenen ein Rätsel – Kinder sind nach einer Weile scheinbar unschlagbar im Memory-Spiel.
Erste Vorstufen dieses Spiels kann man schon recht früh mit dem Kind auf die vielfältigste Weise machen und schult auf diese Art nachhaltig sein Gedächtnis. Achten Sie dabei auf die Konzentrationsbereitschaft Ihres Kindes: Hat es keine Lust mehr, hören Sie sofort auf.

Spaß bereitet es einem Kind auch, einen zuvor in einem Bilderbuch gesehenen Gegenstand später in dem Buch zu suchen – zumal dann, wenn der Erfolg vielleicht durch eine Belohnung gekrönt wird. Ebenso können verschiedenfarbige Gummibärchen auf einen Tisch gelegt werden. Nachdem sich das Kind deren Position gemerkt hat, werden ihm die Augen verbunden. Greift es gemäß Ihrer Aufforderung zu dem entsprechend farbigen Gummibärchen, darf es dieses auch essen.

● **Memory:** Legen Sie vor Ihrem Kind mehrere verschiedene Gegenstände auf den Tisch (oder auf den Boden). Von jedem sollten zwei gleiche Teile da sein, zum Beispiel zwei blaue Bauklötzchen, zwei Kaffeelöffel, zwei gleichfarbige Wäscheklammern. Dann bringen Sie die Dinge schön durcheinander und nehmen immer eines hoch. Das Kind soll das andere in dem Durcheinander finden und ebenfalls hochheben. Je schneller, desto besser.

● **Farbspiel:** Sagen Sie Ihrem Kind, etwa beim Aufräumen, immer die Farbe vor, die ein Spielzeug hat. Am besten geeignet sind für dieses Spiele anfangs einfarbige Dinge in den Farben Gelb, Rot, Blau, Grün, Schwarz und Weiß. Schon nach einiger Zeit wird Ihr Kind die Farben von selbst erkennen. Dann können Sie immer mal wieder fragen: „Welche Farbe hat das Ding?", und Ihr Kind wird voll Stolz die richtige nennen.

● **Bilderbücher:** Sie sind im zweiten Lebensjahr der ganz große Hit. Am besten sind sie aus sehr fester Pappe, Plastik, Stoff oder Holz. Schauen Sie sie gemeinsam mit Ihrem Kind an und erklären Sie alle Details auf dem Bild. Natürlich darf Ihr Kind auch alleine darin „schmökern", so oft und so lange es will. Die ersten Bücher sollten nur einfache, einzelne Bilder auf jeder Seite haben. Erst in der zweiten Hälfte des zweiten Lebensjahres sind auch kompliziertere Bücher geeignet, in denen mehrere Dinge und kleine Szenen auf einer Seite zu sehen sind.

Zum beliebten Spiel kann auch das werden: Sie schauen gemeinsam ein Buch an und suchen dann, ob Sie die abgebildeten Dinge auch haben. Einen Apfel etwa, einen Ball, ein Auto. Die legen Sie auf den Tisch, sodass das Kind den Unterschied zwischen einem abgebildeten Gegenstand und dem Gegenstand selbst kennen lernt.

Sechstes Kapitel

Das dritte Lebensjahr

*I*hr Kind wird jetzt immer selbstständiger. Es will möglichst viel alleine tun, zum Beispiel sich alleine an- und ausziehen. Es kann alleine essen, übt schon recht geschickt den Umgang mit Messer, Gabel und Löffel. Auch eine Schere möchte es schon benutzen (unter Aufsicht, mit einer passenden Kinderschere darf es das auch). Haare kämmen, Hände waschen und abtrocknen oder Spielsachen richtig aufräumen, ist ebenfalls kein Problem mehr. Außerdem beginnt es langsam, sauber zu werden (zur großen Erleichterung der Mutter und des Vaters), spricht immer mehr und deutlicher. Es verfeinert seine bisher gewonnenen Fähigkeiten und erwirbt sich einige neue hinzu. Allerdings geht dieser Zuwachs nicht mehr so rasant wie in den beiden vorhergehenden Jahren.

Spätestens nach dem zweiten Geburtstag sollten aus dem Kinderzimmer alle Möbel herauskommen, die nur für Erwachsene praktisch sind. Sie sollten ersetzt werden mit Stücken, die Ihrem Kind gefallen (vielleicht darf es ja schon bei der Farbgestaltung mitbestimmen?) und mit denen es gut umgehen kann. Denn je differenzierter und anregender die nächste Umgebung des Kindes ist, desto besser kann es sich entwickeln. Dazu gehört auch, dass es sich überall in der Wohnung frei bewegen darf und spielen kann. Das setzt voraus, dass die Wohnung kindersicher und kinderfreundlich ist: also möglichst nichts in erreichbarer Nähe, was dem Kind verboten werden müsste.

Kinder haben in diesem Alter zunehmend Bedürfnisse nach Geselligkeit. Sie wollen mit anderen Kindern spielen, aber auch Umgang mit verschiedenen Erwachsenen haben. Aus diesen unterschiedlichen Kontakten bekommen sie wiederum viele wertvolle Anregungen, die ihre Entwicklung fördern.

So verändert sich der Körper

Im Gedächtnis herrscht komplexe Ordnung

Das Kind verliert langsam sein Babygesicht. Das hängt mit dem Wachstum des Kopfes zusammen. Der Umfang nimmt höchstens noch um einen Zentimeter zu, die Fontanellen sind schon zu Beginn des dritten Lebensjahres geschlossen. Arme und Beine wachsen jetzt schneller, Schultern und Becken werden breiter, die gesamten Proportionen verändern sich. Dadurch sinkt der Schwerpunkt des Körpers nach unten, was zur Folge hat, dass das Kind immer besser sein Gleichgewicht halten kann.

Herz und Lunge wachsen, was die Leistungsfähigkeit des Körpers erhöht. Die Organfunktionen werden insgesamt stabiler, das Kind ist nicht mehr so empfindlich.

Eine weitere Differenzierung der Wahrnehmungsfähigkeit ist daran zu erkennen, dass Kinder sich Gegenstände nach mehreren Merkmalen (zum Beispiel nach Farbe und Form) merken können. Das heißt, Kinder in diesem Alter erkennen die Dinge auch dann, wenn sie diese

Die geistige Entwicklung

Das Zentralnervensystem entwickelt sich rasch weiter. Das Gehirn wird schwerer und seine Struktur komplizierter. Immer mehr Verbindungen entstehen zwischen den Nervenzellen.

Deshalb können Informationen und Eindrücke vom Kind in diesem Jahr schon wesentlich besser geordnet aufgenommen und bewusst wieder abgerufen werden. Das heißt, das Gedächtnis funktioniert schon auffallend gut.

Auch die Wahrnehmungsfähigkeit verbessert sich erheblich. Musste das Kind bisher einen Gegenstand, den es sieht, auch mit den Händen „betrachten", lernt es nun, die Dinge „auf einen Blick" zu erkennen. Die optische Wahrnehmung wird jetzt dominant (wie bei Erwachsenen) und überflügelt die Tastempfindungen an Wichtigkeit. Anfangs klappt das vor allem bei bekannten und vertrauten Dingen. Dem Kind Unbekanntes muss immer noch

beispielsweise aus einer anderen Perspektive sehen oder wenn die Dinge verschiedene Farben haben.

zusätzlich betastet, beschnuppert und geschmeckt werden.

Eine weitere Differenzierung der Wahrnehmungsfähigkeit setzt ein: Ein Auto, einen Hund, ein Pferd, einen Tisch, einen Stuhl und alles, mit dem ein Kind bisher schon Erfahrungen gemacht hat, erkennt es jetzt auf Anhieb und verwechselt es nicht mehr mit anderen Dingen, die ein bestimmtes Merkmal mit ihnen gemeinsam haben.

Von einzelnen Worten hin zu Sätzen

Im so genannten „magischen Alter" herrscht der kleine Frageteufel. Alles Kleine und Große im Umfeld Ihres Kindes wird hinterfragt – oft Fragen, die sich Erwachsene so noch nie gestellt haben und daher zum Teil auch keine Antwort wissen. Auf diese Weise hat man aber die Chance, die Welt selbst noch einmal neu zu entdecken.

Die Sprache wird bis zum Ende des dritten Lebensjahres fast perfekt. Das Kind lernt viele neue Wörter hinzu und hat großen Spaß daran, sich mit anderen Kindern oder Erwachsenen zu „unterhalten".

Am Ende des dritten Lebensjahres spricht es in komplexen Sätzen, die mitunter sogar schon verschachtelt sein können. Einzelne grammatikalische Fehler kommen aber immer noch vor.

Es macht Ihrem Kind in dieser Altersphase Spaß, Lieder und Verse zu lernen, anschließend selbst zu singen oder die gelernten Verse immer wieder aufzusagen.

Außerdem kann Ihr Kind jetzt bereits über seine gemachten Erlebnisse berichten oder auch etwas weitererzählen, wenn ihm zuvor etwas berichtet wurde.

Das „magische Alter": Ein eigenes kindliches Weltbild

Gleichzeitig mit der Vervollkommnung der Sprache wächst auch die Denkfähigkeit des Kindes. Es stellt Zusammenhänge her, unterscheidet Dinge, merkt sich Eigenschaften, verallgemeinert seine Erlebnisse und Erfahrungen und stellt sich auf diese Weise ein eigenes kleines Weltbild zusammen.

Das hat oft mit der Realität der Erwachsenen wenig zu tun, weshalb diese Phase von manchen Fachleuten auch das „magische Alter" genannt wird. Doch Magie ist da keineswegs im Spiel. Wenn ein Kind beispielsweise annimmt, dass es dem Stuhl weh tut, wenn es nach ihm schlägt, ist das ein Ergebnis seiner subjektiven Erfahrungen.

Doch der Erfahrungsschatz ist noch sehr begrenzt, weshalb die Verbindungen und Zusammenhänge, die es daraus ableitet, eben häufig nur für das Kind selbst „logisch" sind. Abstrakte Begriffe, wie Zeit, Angst, Krankheit oder Gerechtigkeit, versteht es noch nicht. Aber es ist sehr wissbegierig und will ständig Neues dazulernen.

Es wartet nicht mehr, bis es Anregungen oder Erklärungen bekommt, sondern fragt selbst. Warum? Wo? Wie? Was? Schön, wenn Sie ihm jedes Mal eine Antwort geben können (wenngleich diese Fragerei mitten im Alltagsleben schon recht anstrengend werden kann).

Die motorische Entwicklung

Der aufrechte Gang ist für Ihr Kind längst keine besondere Anstrengung mehr. Sein Interesse gilt deshalb der Vervollkommnung seiner Fähigkeiten. Es balanciert, hüpft, steht auf einem Bein, rennt schnell um scharfe Kurven, springt von Mauern, Stühlen, Treppen herunter, klettert überall hoch, wo es nur geht.

Dreirad fahren wird zu einer Lieblingsbeschäftigung und wenn es etwas vom Boden aufheben möchte, setzt es sich dazu nicht mehr hin, sondern bückt sich. Die Feinmotorik ist so weit ausgebildet, dass das Kind bis zum Ende des Jahres gut kleine Perlen auffädeln, ein (kleines) Tablett mit Geschirr sicher von einem Raum in den anderen tragen, Geschirr abtrocknen, ohne viel fallen zu lassen, Knöpfe auf- und zumachen, komplizierte Figuren in Schablonen einpassen oder durch entsprechende Öffnungen stecken oder gezielt einen Ball werfen kann, der im Abstand von rund eineinhalb Metern auch trifft. Das Kind ist also schon recht geschickt – Mädchen und Jungen übrigens gleich.

Eine faszinierende Entdeckung des Kindes auf dem Weg in die Erwachsenenwelt ist sein eigener Wille. Es kann sich entscheiden, etwas zu tun oder nicht zu tun.

Die soziale Entwicklung

Zum ersten Mal begreift Ihr Kind, was „ich" und was „nicht ich" heißt. Es nimmt sich als eigenständige Persönlichkeit wahr, losgelöst von allen anderen Personen. „Ich mach das allein" oder „Ich möchte das auch" sind wahrscheinlich die häufigsten Aussprüche im dritten Lebensjahr. Das zeigt den Drang Ihres Kindes, ohne fremde Hilfe etwas zu tun. Unterstützen Sie es darin, denn alle seine persönlichen „Taten" helfen, sein Selbstbewusstsein aufzubauen. Unterstützen Sie es, so gut Sie können, in seinen Bemühungen nach Unabhängigkeit.

Ihr Kind entdeckt seinen eigenen Willen. Es kann sich entscheiden, etwas zu tun oder nicht zu tun. Und es kann weitgehend entscheiden, wie es etwas tun will. Doch gerade jetzt gerät dieser Wille häufig in Konflikt mit den Wünschen anderer. Das führt zu inneren Spannungen und zu Unsicherheit: Einerseits kann es schon so viel, andererseits geht oft nicht, was es machen möchte.

Zusätzlich kommen noch manche Einschränkungen der Erwachsenen, die es partout nicht einsieht und von seiner geistigen Entwicklung her auch nicht einsehen kann. Das führt dann zwangsläufig zu Gefühlsausbrüchen, bringt das Kind in Rage und macht es trotzig.

Die launische Seite: Die schwierige Phase des Trotzalters

Deshalb heißt dieses Alter auch „Trotzalter" und gilt als schwierige Phase bei Kindern. Das Verhalten eines Kindes ist oft widersprüchlich und „launisch". Gerade war das Kind noch nett und fröhlich, doch schon im nächsten Augenblick kann es aus scheinbar nichtigem Anlass überaus zornig werden. Mal hilft es der Mutter begeistert im Haushalt, dann wieder will es nichts davon wissen. Es hört in scheinbar keinster Weise auf Wünsche der Eltern, stellt sich taub, wenn es etwas nicht tun soll, kommt nicht, wenn es gerufen wird.

Ebenso zwiespältig verhält es sich im Umgang mit anderen Kindern. Eben noch beispielsweise mit dem Bruder einträchtig gespielt, nimmt es plötzlich scheinbar grundlos dem anderen die Spielsachen weg und will nichts mehr von ihm wissen.

Die Trotzphase ist sehr wichtig, denn das Kind entwickelt sein Selbstwertgefühl. Es ist der endgültige Schritt vom Baby zum Kleinkind.

Eltern sollten sich jetzt nicht verunsichern lassen. Weder von anderen Leuten, die mit Bemerkungen, wie „Ihr müsst einfach härter durchgreifen, sonst tanzt euch das Kind später mal auf der Nase herum", sowieso alles besser wissen, noch von den eigenen Ängsten, ob sie wohl bisher in der Erziehung etwas falsch gemacht hätten. Die „Launenhaftigkeit" ist der Ausdruck der inneren Konflikte des Kindes, die es aufgrund seiner Entwicklung aushalten muss. Es ist also völlig normal, wenn sich jetzt Phasen von liebevoller Zärtlichkeit, Aufmerksamkeit, Interesse mit solchen wilden Geschreis, Tobsuchtsanfällen und wütenden Herumschmeißens von Spielzeug abwechseln.

Selbstständigkeit fördern und Grenzen setzen

Deshalb sollten Sie auch möglichst wenig mit Ärger oder Ablehnung auf die Ausbrüche Ihres Kindes reagieren. Unterstützen Sie es vielmehr in seinen Bestrebungen, selbstständig zu werden, überprüfen Sie Grenzen, die Sie zwangsläufig setzen müssen, besonders genau darauf, ob sie wirklich notwendig sind, loben Sie es für jeden Fortschritt und trösten Sie es, wenn einmal etwas nicht klappt.

Wer diese „Autonomiephase" (das ist ein besserer Ausdruck dafür als „Trotz") als positiv und wichtig anerkennt, dem wird es auch leichter fallen, damit fertig zu werden. Ein Trost: Das dauert nicht ewig.

Die besten Förderspiele

I hr Kind unterscheidet jetzt schon sehr gut zwischen „Ernst" und „Spiel". Bei den kleinen Aufgaben, die es im Familienleben bekommt, wie etwa aufräumen, einen Teller mit Suppe auf den Tisch stellen, Geschirr abtrocknen oder etwas aufkehren, lernt es bestimmte Regeln einzuüben und zu beherrschen. Beispielsweise, dass der Teller Suppe sehr vorsichtig getragen werden muss, dass Geschirr, das abgetrocknet wird, vorsichtig hingestellt werden muss und so weiter.

Im Spiel dagegen ist alles möglich. Da kann es auch wild zugehen, da sind der Fantasie keine Grenzen gesetzt. Aus dem Stuhl wird ein Klettergerüst, eine Lokomotive oder ein Haus.

Im Spiel übernehmen Gegenstände und Personen Rollen, die sie in der Realität nicht haben dürfen oder nie haben werden. Beides ist für die Entwicklung wichtig: das Erlernen von Regeln im täglichen Leben und die Fantasie, die es ermöglicht, die Dinge auch einmal von der anderen Seite zu betrachten, Neues zu erfinden. Das vermittelt neue Einsichten in die Umwelt und stabilisiert auch die Einstellung und Position des Kindes in und zu dieser Umwelt.

Beim Spiel wird jetzt eine völlig neue Variante beliebt, die in den nächsten Jahren noch erheblich an Bedeutung gewinnen wird: das Rollenspiel. Es gibt dem Kind die Möglichkeit, fremde Verhaltensweisen zu durchschauen, eigene zu üben, Zusammenhänge zu erleben, Frustrationen und Aggressionen abzureagieren, sich selbst in der Welt zurechtzufinden.

Im sinnvollen Tun (Aufgaben im Haushalt) und im Spiel (beides sollte sich gleichzeitig entwickeln können) werden auch alle übrigen Fähigkeiten weiter gefördert.

Rollenspiele

● **Zoo:** Falls Ihr Kind im Zoo etwas erlebt hat, worüber es erschrocken ist, lassen sich diese Schrecknisse am besten im Spiel überwinden. Entweder Sie und Ihr Kind sind selbst Tiere, wie Löwen, Elefanten oder Känguruhs. Und sie „kämpfen" miteinander, brüllen ganz fürchterlich, strecken den Rüssel nach dem anderen aus oder machen einen großen Sprung darauf zu. Oder Bauklötze, Plüschtiere oder Puppen stellen diese Tiere dar, mit denen das Kind die Zoo-Situation nachstellt. Ihr Kind kann auch ein Wärter oder Tierpfleger sein, der den Tieren Futter bringt, sie schimpft, wenn sie

Heilsames Hineinschlüpfen in Rollen

Geschehnisse, die Ihr Kind erschreckt haben, gilt es zu verarbeiten. Das kann am besten im Rollenspiel geschehen. Indem eine zuvor als bedrohlich empfundene Situation Eingang ins Spiel findet, wird dieser die Macht genommen. Das Kind kann im Spiel auf seine Weise reagieren und sich eigene Lösungsmöglichkeiten erarbeiten. Darüber hinaus erfahren Eltern durch das Spiel, welche Dinge und Ereignisse Ihr Kind bewegen.

ein kleines Kind erschreckt haben, sie lobt, weil sie friedlich miteinander gespielt haben.

● **Arzt:** Ihr Kind darf Sie (oder seine Puppe, seinen Teddy) untersuchen, abhören, eine Spritze geben. Es wird von sich aus als Arzt all die Dinge tun, die es schon von Arztbesuchen her kennt. Vielleicht wird es besonders unwirsch und wild mit seinen Patienten umgehen. Dann verarbeitet es wahrscheinlich im Spiel seine Ängste vor dem Arzt.

● **Essen im Restaurant:** Ihr Kind kann Gast sein (erwachsen oder als Kind). Dann sucht es sich einen Platz aus, setzt sich, nimmt die Speisekarte, sucht etwas zum Essen aus, wartet, bis es kommt, und verspeist es – Bezahlen nicht vergessen. Es kann aber auch die Kellnerin darstellen, die eine Menge zu tun hat. Sie muss freundlich die Gäste nach ihren Wünschen fragen, in die Küche gehen und beim Koch das Gewünschte bestellen, dann servieren, den Gästen einen guten Appetit wünschen, fragen, ob es geschmeckt hat, und am Ende kassieren.

Beim Rollenspiel erfährt man, wie die Welt der Erwachsenen auf das Kind wirkt.

● **Straßenbahnfahrer:** Ein Straßenbahnfahrer hat viel mehr zu tun, als nur sein Gefährt vorwärts zu bringen. Er muss die Haltestellen durchsagen, Fahrkarten verkaufen, in einem Buch nachschauen, wann ein bestimmter Fahrgast umsteigen muss,

Auskunft geben, wenn Fremde nicht Bescheid wissen. Als Straßenbahn eignen sich einige hintereinander aufgestellte Stühle. Das Kind sitzt natürlich als Fahrer ganz vorne. Vielleicht dürfen Sie in einem der hinteren Waggons Platz nehmen.

● **Einkaufen:** Das Kind ist der Kaufmann und Sie sind der Käufer. Sie brauchen dazu natürlich einige Utensilien. Diese müssen aber nicht unbedingt „echt" sein. Ihr fantasievolles Kind kann die Gegenstände nach Bedarf jederzeit umfunktionieren. So kann ein Sandeimer zur Einkaufstasche werden, ein Häufchen Steine oder Bauklötze zu Milch, Zucker oder Marmelade, Papierschnipsel zu Geld. Ihr Geld ist bei diesem Spiel der Hauptakteur, Sie sind der Mitspieler und halten sich an die Anweisungen des Kindes. Neue Anregungen können Sie ihm am besten durch geschickte Fragen geben: Was macht der Kaufmann sonst noch? Wo holt er seine Sachen her? Was hat er alles in seinem Laden?

● **Pilot:** Ein umgedrehter Stuhl kann das Flugzeug sein. Eine Mütze macht das Kind als Pilot kenntlich. Sie sind der Passagier und möchten in ein fernes Land fliegen. Piloten können viel sehen, wenn sie über das Land fliegen: Häuser, Bäume, einen Bach, eine Wiese, ein Feld (Was wächst darauf), Menschen (Was tun sie gerade?).

● **Mutter und Kind:** Bei diesem Spiel lassen sich trefflich die Rollen tauschen. Wenn Sie einmal das Kind sind, können Sie genauso „frech" werden, zornig herumtrampeln, aber auch lieb und schmusig mit der „Mutter" umgehen, wie es Ihr Kind mit Ihnen macht. So hat Ihr Kind seine liebe Not mit Ihnen, aber auch seine Freude. Es lernt dabei seine eigenen und Ihre Verhaltensweisen besser begreifen. Lassen Sie Ihr Kind dieses Spiel aber auch mit seiner Puppe oder seinem Teddy spielen und beobachten Sie es dabei. Sie lernen dabei, wie Sie auf Ihr Kind wirken.

Gestaltungsspiele

Bisher hat Ihr Kind unterschiedlichste Materialien hauptsächlich erforscht, festgestellt, wie sie sich anfühlen, ob sie weich, hart, rau, flüssig, eckig, glatt oder fest sind. Im dritten Lebensjahr lernt es nun, aus dem Material etwas herzustellen, zu gestalten. Zu Anfang wird es etwa einem gekneteten Ton- oder Plastilinklumpen den Namen eines Gegenstandes geben, an den es dieses Gebilde erinnert. Später kann es schon während seines Schöpfungsprozesses sagen, was das einmal werden soll und gegen Ende des dritten Lebensjahres nimmt es sich vor, etwas Bestimmtes zu malen oder zu gestalten. Dass die Ergebnisse dieser Kunst nur wenig mit den Vorstellungen von Erwachsenen zu tun haben, ist klar. Deshalb ist es auch wichtig, dass Sie als Eltern die Werke Ihres Kindes mit seinen Augen betrachten. Sagen Sie bitte nie: „Das ist doch keine Katze, eine Katze sieht doch ganz anders aus" oder ähnlich kritische Bemerkungen. Damit würden Sie die kreativen Anlagen Ihres Kindes im Keim ersticken und ihm die Freude am Gestalten nehmen. Unterhalten Sie sich hingegen mit Ihrem Kind über das, was es macht oder gemacht hat. Erzählen Sie ihm von dem (realistischen) Gegenstand, den es geschaffen hat.

Zeigen Sie Interesse und freuen Sie sich, wenn Ihr Kind Spaß daran hat, etwas zu malen oder zu formen.

Wichtig ist, dass Sie ihm jetzt möglichst viel Material und Platz zur Verfügung stellen, um kreativ sein zu können. Es sollte Buntstifte, Wachsmalstifte, Kreiden, Pinsel, Wasser- und Fingerfarben haben. Außerdem ausreichend großflächiges Papier (Packpapier, Tapetenrollen, Zeitungspapier, alte Plakate, Karton).

Plastilin oder Ton (im Sommer ist auch nasser Sand geeignet) braucht Ihr Kind zum Modellieren; Perlen, Bausteine, bunte Plättchen, alte Spielkarten, Stoff, Steine, Schaumgummi oder Styropor sollten ebenfalls im „Kunstregal" nicht fehlen.

Kinder sollten unbedingt frei malen und gestalten dürfen. Das bedeutet aber keineswegs, dass Ihr Kind nicht Anregungen und Hilfestellungen von Ihnen bräuchte. Allerdings wirklich nur als Angebote und niemals als Pflichtaufgabe.

Damit die Kleidung durch Farben oder Materialien nicht verdorben wird, können Sie aus einem alten Müllsack einen wunderbaren Malerkittel machen: Sie schneiden am un-

Will Ihr Kind Ihren Kreativ-Angeboten folgen, ist es gut. Macht es lieber etwas anderes, ist es ebenso gut.

Ein flüssiger Farbklecks auf einem Stück Papier breitet sich zu interessanten Mustern aus, wenn man das Blatt hochhebt und die Farbe in verschiedene Richtungen laufen lässt.

teren Ende und auf den Seiten jeweils Löcher für Kopf und Arme hinein und stülpen dann den Kittel dem Kind über.

Und mit diesen Tipps können Sie Ihrem Kind Anregungen geben:

● Mit weißem Wachsmalstift ein weißes Papier bemalen. Dann mit Fingerfarben oder Wasserfarben und Pinsel darübermalen. Das ergibt hübsche, bunte Muster, weil sich die Farbe auf dem Wachsstift „erhebt".

● Die Kinderhand lässt sich sehr schön auf Papier oder Karton abbilden, wenn sie vorher in Fingerfarben getaucht und dann aufs Papier gedrückt wird. Größere Kinder können dann schon versuchen, die Hand mit einer Schere auszuschneiden.

● Die Finger können auch als „Stempel" verwendet werden. Man taucht sie in Fingerfarben ein und „stempelt" dann ein lustiges Bild aufs Papier.

● Mit hellen Kreiden lässt sich wunderbar auf dunkles Papier malen und mit dunklen Kreiden auf helles. Ein feuchter Schwamm sollte bereitliegen, damit das Kind die Kreidespuren wieder gut von den Fingern entfernen kann, ehe es eine neue Farbe nimmt.

● Mit Kreide lassen sich auch gut auf oberflächenstrukturiertem Papier Muster erzeugen oder auf Holzplatten malen.

● Ein Bild lässt sich auch herstellen, indem man Sand, kleine Steine, bunte Schnipsel und Wollfäden auf einen Karton oder ein festes Stück Papier klebt.

● Aus Plastilin oder Ton lassen sich natürlich die unterschiedlichsten Gegenstände formen. Doch es können auch Bilder entstehen: einen Teil flach auswalzen und dann bunte Steine, Perlen, Muscheln, Sand, Korken oder Sonstiges hineindrücken. Dasselbe geht auch mit nassem Sand oder auch mit Gips. Wird das Grundmaterial nach dem Trocknen hart, kann ein solches Bild sogar aufgehängt werden.

● Hände und Füße lassen sich auch in Ton modellieren: einfach die Hand in den Ton hineindrücken oder mit dem Fuß hineinsteigen. Nach dem Trocknen kann das Ganze noch bemalt werden.

● Gestalten lässt sich auch mit zuvor gesammelten Blättern, Blumen und Zweigen. Man kann sie aufkleben oder bemalen und hübsche Bilder damit fertigen.

Erkundungsspiele

Der Forscherdrang Ihres zwei- bis dreijährigen Kindes ist hoch entwickelt. Denken Sie daran, wenn Sie ihm Spielzeug schenken. Es will genau wissen, warum und wie es funktioniert, und zerlegt es.

Am besten sind deshalb Spielsachen, die zum Zerlegen und wieder Zusammenbauen (das ist ebenso wichtig) geeignet sind, zum Beispiel Steckbausysteme, ein Holzbaukasten mit Schrauben und Muttern, einfache Autos oder Züge, an denen Teile zum Abmontieren (etwa ein Anhänger oder eine Ladefläche) sind. Interessante Forschungsstücke stellen auch alte Haushaltsgeräte dar.

Überlassen Sie (ungefährliche) Dinge Ihrem Kind zum Zerlegen, wenn Sie diese nicht mehr brauchen.

Lassen Sie sich aber auch „helfen", wenn Sie etwa einen Kuchen backen und die Rührstäbe in die Maschine (ohne Stromzufuhr) stecken müssen oder vom Schnellkochtopf beim Spülen den Ventildeckel abschrauben und so weiter.

● **Entdecken beim Spaziergang:** Geben Sie Ihrem Kind beim Spaziergang Suchaufgaben, zum Beispiel: Wir suchen einen schwarzen Hund, einen Mann mit Hut, ein Kind mit Dreirad, eine Frau mit Einkaufstasche, ein blaues Auto, ein Motorrad und so weiter. Es sollten natürlich Dinge sein, die Ihnen tatsächlich auf Ihrem Weg begegnen können. Immer, wenn Ihr Kind etwas „gefunden" hat, wird es als großer Entdecker gelobt.

● **Von oben sieht die Welt ganz anders aus:** Besteigen Sie mit Ihrem Kind einen Turm oder schauen Sie mit ihm aus einem Hochhaus durchs (geschlossene) Fenster nach unten. Aus dieser Perspektive ist es erst mal gar nicht so einfach, die Dinge (Autos, Menschen, Häuser, Ampeln, Straßenlaternen) zu erkennen und auseinander zu halten.

Auch ein Hochsitz im Wald, eine Brücke (über eine Straße oder einen Fluss) oder ein Kirchturm eröffnen völlig neue Perspektiven.

● **Was passiert wo?:** Erzählen Sie Ihrem Kind, was woanders vorgeht,

und lassen Sie es sich von Ihrem Kind wiedererzählen. Das sind gleichzeitig gute Sprachübungen. Wenn Ihr Kind eine Situation schon aus eigener Anschauung kennt, brauchen Sie es ihm auch nicht mehr vorzuerzählen. Zum Beispiel:

Was passiert
auf einem Bauernhof,
in einer Turnhalle,
in einem Schwimmbad,
auf einer Baustelle,
in einem Restaurant,
auf einem Flugplatz,
in einem Kaufhaus,
im Wald,
beim Frisör,
im Zirkus, Theater,
in einer Gärtnerei,
in einem Postamt,
im Sommer, Winter,
Herbst und Frühling.

Je mehr Details Ihnen beiden einfallen, desto besser.

● **Etwas suchen kann zum aufregenden Spiel werden:** die Puppe zum Bespiel, ein Paar Socken, die Schuhe, den Ball in der Wiese, ein neues Spielzeug, das Sie absichtlich versteckt haben, oder eine Person. Überlegen Sie dabei gemeinsam mit Ihrem Kind, wo das Gesuchte sein könnte, wann Sie es zuletzt gesehen haben, wo es da gerade war, und so weiter. Geben Sie ihm Tipps, wo es noch nicht nachgeschaut hat, aber nehmen Sie ihm die Arbeit nicht ab. So lernt es sich zu erinnern, nachzudenken und systematisch zu suchen.

Kolumbus fing auch mal klein an

Schiffchen bauen aus Naturmaterialien ist gar nicht so schwer: In ein etwas zurechtgeschnittenes Stück weicher Baumrinde wird ein stabiles Aststück in die Mitte gesteckt und dann ein großes Blatt als Segel aufgespießt. Bläst Ihr Kind in das Segel, kann sein Schiff auf jeder Pfütze zur großen Abenteuerreise aufbrechen. Und mit einer Schnur versehen folgt das Schiff seinem Kapitän überall hin.

● **Besuchen Sie mit Ihrem Kind Ausstellungen und Museen:** Sprechen Sie mit ihm über alles, was es dort sieht und interessiert. Das Kind muss sich nicht alles anschauen, es reichen ein paar Bilder oder eine Abteilung im Museum. Gehen Sie dafür öfter mal hin. Besonders schön sind Museen, in denen sich etwas Aufregendes tut, zum Beispiel ein Puppen- oder Technikmuseum.
Wichtig ist, dass Sie wieder herausgehen, sobald Ihr Kind die Lust am Anschauen verliert. Sonst will es beim nächsten Mal nicht mehr ins Museum mitgehen.

Ein Strohhalm, ein Tischtennisball und ein Becher – und schon haben Sie ein kleines Spiel.

● **Alles, was sich bewegt und verändert, fasziniert das Kind:** Machen Sie deshalb auch mal einen Spaziergang zum Bahnhof und schauen Sie den ein- und ausfahrenden Zügen zu. Besuchen Sie einen Jahrmarkt, ein Volksfest, eine große Baustelle, eine Autobahnbrücke oder eine Schiffsanlegestelle, wenn ein See oder Fluss in Ihrer Nähe ist.

● **Plötzlich sehen die Dinge ganz anders aus:** Geben Sie Ihrem Kind eine Lupe und lassen Sie es damit kleine Sachen genau betrachten: eine Blüte, die Maserung im Holz, feine Muster in Steinen, winzige Muscheln, ein Häufchen Sand oder Kaffee.

Klangspiele

● **Musik machen:** Jetzt kann ein Kind schon sehr gut die unterschiedlichen Töne auseinanderhalten und auch bereits ein wenig Ordnung in seine selbst produzierten bringen. Deshalb sind alle „Instrumente" interessant, die verschiedene Töne hervorbringen, wie zum Beispiel:
• *Gläser oder Flaschen,* die unterschiedlich viel Flüssigkeit enthalten (von ganz leer bis ganz voll) und die dann mit einem Kaffeelöffel (oder einem anderen Gegenstand) angeschlagen werden.
• *Papprollen* von unterschiedlicher Länge, in die hineingepustet oder hineingesprochen wird.
• *Strohhalme,* an einem Ende spitz zugeschnitten und zusammengedrückt, in die hineingeblasen wird. Schneidet man ein Loch in den Strohhalm, können zwei verschiedene Töne produziert werden.
• *Saiten,* die gezupft werden. Sie können beispielsweise über einen Karton oder eine Zigarrenkiste dünne Gummis spannen. Je stärker die Spannung, desto höher der Ton. Mit echten Saiten aus der Musikalienhandlung hört es sich noch besser an.
Als „richtiges" Instrument, mit dem exakte Töne produziert werden können, eignet sich jetzt ein Xylophon oder Glockenspiel. Die Klangstäbe sind beim Glockenspiel aus Metall, beim Xylophon aus Holz, das sich etwas sanfter anhört.
Auch eine Mundharmonika oder eine Triangel (die man aus dickem Draht auch selbst basteln kann) ma-

chen den meisten Kindern jetzt schon Freude. Und selbstverständlich bleiben auch alle früheren Instrumente (etwa eine Trommel oder ein Blasinstrument) weiterhin große Favoriten bei Kindern.

● **Tanzen – Musik ist etwas für den ganzen Körper:** Beim Singen und Klatschen können Sie deshalb auch mit Ihrem Kind tanzen, sich rhythmisch zur Musik bewegen, den Körper nach der Melodie hin und her wiegen.

Tanzen Sie mit Ihrem Kind auch, wenn Sie Musik aus dem Radio oder von der CD hören.

● **Musik „sehen":** Kinder sollten Musik nicht nur hören und selbst produzieren, sondern auch sehen, wie sie von anderen „gemacht" wird. Egal, ob es ein Blasorchester beim Volksfest, ein Kurkonzert, eine Beatgruppe oder ein Solist in der Fußgängerzone ist, Ihr Kind sieht dabei, was Profis mit ihren Instrumenten machen, es sieht, welche Instrumente es gibt, hört, wie unterschiedliche Melodien gespielt werden können. Auf die Qualität der Darbietung kommt es da nicht in erster Linie an. Natürlich wird sich Ihr Kind nur für kurze Zeit dafür interessieren. Deshalb sollten Sie auch kein Konzert mit ihm besuchen, sondern lediglich stehen bleiben, wenn Sie im Freien jemanden spielen hören. Und zwar nur so lange, wie es Ihrem Kind Spaß macht.

● **Singen:** Jetzt macht es Ihrem Kind bereits großen Spaß, selbst Lieder zu lernen. Singen Sie also möglichst oft mit ihm. Beginnen Sie damit, dass Sie ein Lied vorsingen, ein- oder zweimal, je nachdem, wie lange das Kind aufmerksam zuhört. Dann kann es versuchen, eine Strophe nachzusingen. Oft macht es auch Spaß, nur die Melodie zu summen oder mit „lalala" zu singen; im Wechsel – einmal die Mutter, dann das Kind, am Schluss beide zusammen. Es wird sicher noch eine Weile dauern, bis Ihr Kind ein Lied richtig nachsingen kann. Kritisieren Sie es aber nicht, denn sonst nehmen Sie ihm die Freude an der Musik und hemmen damit seine weitere musikalische Entwicklung.

Wenn Ihr Kind mehrere Lieder schon gut kennt, können Sie ihm einen Anfang vorsummen und es dann raten lassen, welches Lied es ist. Das Kind kann dann selbst (oder gemeinsam mit Ihnen) weitersingen. Was auch Spaß macht: Singen oder sprechen Sie einmal laut, dann wieder ganz leise (das schult das Gehör), mal schneller, mal langsam. Ihr Kind soll es nachmachen.

● **Klatschen:** Singen Sie eine Strophe eines Liedes und klatschen Sie dazu im Rhythmus. Die zweite Strophe klatschen Sie den Rhythmus allein – ohne Gesang.

Eine Rassel für die rhythmische Begleitung eines gemeinsamen Liedes ist schnell gebaut: Einen leeren Joghurtbecher mit etwas Reis füllen, einen zweiten leeren Becher dagegensetzen, die Nahtstelle mit Klebeband umwickeln – fertig.

Sie können auch zu Sprechversen rhythmisch in die Hände klatschen. Großen Spaß macht es, wenn Ihr Kind mitklatscht und Sie sich an bestimmten Stellen gegenseitig in die Hände klatschen.

Soziale Kontakte mit Gleichaltrigen sind für die Entwicklung Ihres Kindes wichtig. Lernt es doch so, sich in eine Gruppe zu integrieren und die Andersartigkeit der anderen zu akzeptieren.

Spiele mit anderen Kindern

In den ersten beiden Lebensjahren haben Kinder durchaus schon Interesse an anderen Kindern. Sie gehen aufeinander zu, nehmen Kontakt auf, berühren sich, geben ein Spielzeug ab oder entreißen dem anderen eines. Doch richtig miteinander spielen tun sie in der Regel erst im dritten Lebensjahr, denn erst dann sind sie in der Lage, einfache Regeln zu begreifen und sich daran zu halten.

Die nachfolgenden Spiele lassen sich gut mit mehreren Kindern spielen und sind beispielsweise auch für einen Kindergeburtstag gut geeignet. Am Anfang muss natürlich immer noch ein Erwachsener dabei sein, der den Kindern zeigt, wie es geht. Doch die

einfacheren Spiele können die Kinder auch bald alleine nachspielen.

● **Alles, was Flügel hat, fliegt hoch:** Die Kinder sitzen im Kreis (oder um den Tisch herum) und halten die Hände im Schoß (oder auf der Tischplatte). Einer sagt vor (am besten am Anfang ein Erwachsener, im Laufe des Spiels können auch die Kinder nacheinander die Rolle des Vorsagers einnehmen): *„Alle Vögel fliegen hoch"* – jetzt müssen alle Kinder ihre Arme hochstrecken. *„Alle Tauben fliegen hoch"* – jetzt müssen alle Kinder ihre Arme hochstrecken. *„Alle Amseln fliegen hoch"* ... *„Alle Bienen fliegen hoch"* ... und so weiter. Bei jedem Tier, das tatsächlich Flügel hat und fliegen kann, müssen die Arme hochgestreckt werden. Der Vorsager kann aber zwischendurch auch ein Tier nennen, das nicht fliegt, zum Beispiel *„Alle Katzen fliegen hoch"*. Dann müssen die Arme unten bleiben. Da heißt es ganz schön aufpassen. Und natürlich müssen die Kinder einige Tiere schon etwas genauer kennen.

● **Häschen in der Grube:** Die Kinder machen einen Kreis. Während des Liedes gehen sie rechts herum. Eines ist das Häschen und sitzt – ganz klein – in der Mitte. Bei *„Häschen, hüpf"* fängt es an zu hüpfen.
Häschen in der Grube,
Saß und schlief,
Saß und schlief.
Armes Häschen, bist du krank,
Dass du nicht mehr hüpfen kannst?
Häschen hüpf, Häschen hüpf,
Häschen hüpf.

● **Ringelreihen:** Die Kinder stellen sich im Kreis auf, laufen rechts herum und singen. Bei „*husch, husch, husch*" gehen alle Kinder in die Hocke.

Ringel, ringel, Reihe,
Sind der Kinder dreie,
Sitzen unterm Holderbusch,
Machen alle husch, husch, husch.

● **Jahreszeiten:** Wieder steht ein Kind im Kreis der anderen Kinder. Bei der ersten Strophe gehen alle Kinder rechts herum. Bei der zweiten links herum. Bei der dritten klatscht das Kind in der Mitte in die Hände, die anderen bleiben stehen und drehen sich dreimal um die eigene Achse.

Es war eine Mutter,
Die hatte vier Kinder.
Den Frühling, den Sommer,
Den Herbst und den Winter.

Der Frühling bringt Blumen,
Der Sommer den Klee.
Der Herbst bringt die Trauben,
Der Winter den Schnee.

Das Klatschen, das Klatschen,
Das muss man verstehn.
Da muss man sich dreimal
Im Kreise umdrehn.

● **Klatschen und Patschen:** Der erste Spieler legt seine rechte Hand auf den Tisch. Der zweite legt seine rechte Hand oben drauf. Das geht immer so weiter, bis der letzte Mitspieler seine rechte Hand auf den Händeberg gelegt hat. Danach kommen die linken Hände dran. Liegen alle Hände aufeinander,

darf die unterste Hand herausgezogen werden und wieder oben drauf – immer so weiter und immer schneller. Bis es nur noch ein allgemeines Klatschen und Patschen gibt.

● **Eisenbahn:** Die Kinder stehen in einer Reihe. Zwei fangen an zu singen und gehen im Kreis. Dann hängt sich immer wieder eins dran, bis die „Eisenbahn" vollständig ist.

Auf der Eisenbahn
Steht ein schwarzer Mann,
Schürt das Feuer an,
Dass man fahren kann.
Kinderlein, Kinderlein,
Hängt euch dran!
Wir fahren mit der Eisenbahn!

● **Sammelmeister:** In einem längeren Flur oder quer durchs Zimmer werden zwei Strecken mit Bauklötzen ausgelegt. Jedes Kind bekommt ein Säckchen, in die es die Bausteine einsammeln muss. Wer sein Säckchen zuerst voll hat, ist Sieger.
Wenn genügend Platz in der Wohnung ist, kann man auch drei oder mehr Strecken legen. Bei wenig Platz spielen immer zwei Kinder gegeneinander.

● **Wandertaler:** Die Kinder stehen oder sitzen im Kreis und reichen sich hinter ihrem Rücken heimlich einen Gegenstand weiter. Ein Kind steht in der Mitte und muss erraten, bei welchem Kind der Gegenstand grade ist. Hat es getroffen, muss dasjenige Kind in den Kreis zum Weiterraten, das den Gegenstand hatte.

Im Zoo oder auf dem Bauernhof oder im Wald

Wau Wau Miau

Vor dem Spiel wird bestimmt, welches Kind welches Tier darstellen möchte. Dann wird ein Besuch im Zoo gespielt. Der Spielleiter (es sollte beim ersten Mal ein Erwachsener sein) erzählt die Geschichte. Zum Beispiel: Eine Familie geht in den Zoo, zuerst kommen Vater, Mutter, Heinz und Anne am Affenkäfig vorbei. Der Affe rüttelt am Gitter und gibt Geräusche von sich ... Immer, wenn ein Tier in der Geschichte erwähnt wird, muss das Kind, das dieses Tier darstellt, die entsprechenden Bewegungen und Geräusche machen. Es sollten natürlich nur Tiere vorkommen, die die Kinder schon einmal gesehen haben.

Taler, Taler, du musst wandern,
Von der einen Hand zur andern.
Das ist schön, das ist schön.
Taler, lass dich ja nicht sehen.

● **Brüderchen, komm tanz mit mir:** Zwei Kinder stehen sich gegenüber und halten sich bei den Händen und tun immer das, was im Lied vorkommt: mit dem Oberkörper hin und her wiegen, mit den Füßen trappeln, in die Hände klatschen, mit dem Kopf nicken, sich auf der Stelle drehen oder beides zusammen ...

Gemeinsames Spiel bereitet große Freude und lässt die soziale Kompetenz Ihres Kindes wachsen.

Brüderchen, komm tanz mit mir!
Beide Hände reich ich dir.
Einmal hin und einmal her,
Rundherum, das ist nicht schwer.

Ei, das hast du gut gemacht!
Ei, das hätt ich nicht gedacht!
Einmal hin und einmal her,
Rundherum, das ist nicht schwer.

Mit den Füßen trab, trab, trab!
Mit den Händen klapp, klapp, klapp!
Einmal hin und einmal her ...

Noch einmal das schöne Spiel,
Weil es mir so gut gefiel!
Einmal hin und einmal her ...

Mit dem Köpfchen nick, nick, nick!
Mit dem Finger tik, tik, tik!
Einmal hin und einmal her ...

(Text: Adelheid Wette, Melodie: Engelbert Humperdinck, 1893).

● **Hampelmann:** Die Kinder bilden einen Kreis, ein Kind steht in der Mitte und macht alles vor, was der Hampelmann im Lied tut. Bei der Strophe „geht mit seinem Freund spazieren" holt es sich ein anderes Kind aus dem Kreis und „tanzt mit seinem Freund" zusammen im Kreis. Das geholte Kind ist der Hampelmann in der nächsten Runde.

Jetzt steigt der Hampelmann,
Jetzt steigt der Hampelmann,
Aus seinem Bett heraus,
Aus seinem Bett heraus.
O du mein Hampelmann,
Mein Hampelmann bist du.

Jetzt zieht Hampelmann sein kleines Höschen an ...

Jetzt zieht Hampelmann sein kleines Jäckchen an ...

Jetzt zieht Hampelmann sich seine Strümpfe an ...

Jetzt setzt Hampelmann sein kleines Hütchen auf ...

Jetzt geht Hampelmann mit seinem Freund spazieren ...

Jetzt tanzt Hampelmann mit seinem lieben Freund ...

Bewegungsspiele

Ihr Kind kann jetzt schon eine Menge. Es will immer noch etwas dazulernen, noch geschickter werden. Aber es möchte auch Erfolge haben. Machen Sie deshalb alle Bewegungsspiele am Anfang so einfach, dass es das Kind auch schafft. Und freuen Sie sich mit ihm über den Erfolg. Misserfolge würden es ziemlich schnell entmutigen. Wenn etwas geklappt hat, wird es dagegen Lust bekommen, die Schwierigkeiten noch zu steigern.

● **Mit Vater und Mutter:** Lassen Sie Ihr Kind auf Ihren Schultern reiten, gehen und springen Sie mit ihm durch die Wohnung (oder durch den Garten), beugen Sie sich nach vorne, hinten und zur Seite. Aber nicht so weit, dass das Kind Angst bekommt herunterzufallen.

• Hierzu sind zwei Erwachsene nötig: Einer legt sich auf den Rücken, winkelt die Beine in den Knien an und streckt die Fußsohlen nach oben. Der andere setzt das Kind vorsichtig auf die Füße. Dann werden die Beine mit Schwung ausgestreckt, das Kind „davongeschleudert", der zweite Erwachsene fängt es auf. Am Anfang das Ganze sehr vorsichtig und langsam und nur eine ganz kleine Entfernung „schleudern". Nach und nach geht es etwas wilder.

• Nehmen Sie eine lange, dicke Kordel und lassen Sie diese langsam und tief über den Boden kreisen. Ihr Kind soll versuchen, darüber zu springen, wenn die Kordel vor seinen Füßen auftaucht. Danach wird getauscht – das Kind lässt die Kordel kreisen und Sie springen darüber.

• Ihr Kind stützt sich mit beiden Händen am Boden auf. Sie nehmen seine Füße und lassen es als „Schubkarre" über den Boden laufen. Erst nur ein kleines Stück, dann die Strecke langsam steigern.

• Gehen Sie mit Knien und Händen auf den Boden. Ihr Kind darf sich auf Ihren Rücken setzen und reiten. Anfangs wird es von einem zweiten Erwachsenen noch Halt brauchen. Wenn es sicher sitzt, können Sie das Pferd auch einmal „scheuen" lassen, sich im Kreis drehen, schütteln, bocken und mit dem Kopf nach unten gehen.

• Bauen Sie in der Wohnung verschiedene Hindernisse auf: einen Stuhl zum Durchkriechen, einen Tisch, um in der Hocke drunter durchzu„gehen", einen Stuhl zum Drüberklettern und so weiter. Dann spielen Sie mit Ihrem Kind „Hindernislauf". Natürlich müssen auch Sie selbst dabei mitmachen.

• Umfassen Sie beide Handgelenke Ihres Kindes und drehen Sie sich mit ihm im Kreis (so, dass es mit den Füßen abhebt). Aber nicht zu oft, sonst wird Ihnen beiden schwindlig. Langsam beginnen, damit kein zu großer Ruck die Gelenke gefährdet.

• Machen Sie mit Ihrem Kind eine „Turnstunde". Das Kind ist der Lehrer. Es macht vor, was Sie nachmachen müssen: hinlegen, aufstehen, in die Hocke gehen, auf einem Bein hüpfen, im Liegen seitwärts rollen, wie ein Hampelmann springen und dabei Arme und Beine ausbreiten. Wenn Ihrem Kind nichts mehr einfällt, können Sie auch vorübergehend die Rollen tauschen.

Nachdem Ihr Kind lange Zeit im Kinderwagen verbracht hat, will es nun selbst schieben und Sie natürlich nachahmen. Da unterscheiden sich Jungen nicht von Mädchen.

● **Im Wasser:** Die meisten Kinder haben es in diesem Alter gar nicht gern, wenn ihnen Wasser ins Gesicht spritzt oder über den Kopf läuft. Sowohl in der Badewanne zu Hause als auch im Sommer im Planschbecken, am See oder am Meer können Sie viele lustige Spiele mit Ihrem Kind machen, wobei es diese Scheu verlernt. Das ist wichtig fürs spätere Schwimmenlernen.

In erster Linie sollte ein Kind immer viel und wild herumspritzen dürfen, sobald es im Wasser sitzt – auch daheim in der Badewanne. Die Überschwemmung lässt sich leicht wieder aufwischen. Dann braucht es im Wasser Spielzeug: Schiffe (aus Papier oder aus Plastik), die es schwimmen lassen kann, Plastiktiere, die mitplanschen, eine kleine Gießkanne, mit der sich über den Kopf der Eltern und über den eigenen Kopf Wasser gießen lässt.

Zeigen Sie Ihrem Kind auch, wie man Wellen macht („Huch, da kommt ein Sturm ..."). Lassen Sie es mutige Sprünge zuerst in ganz seichtes, später in etwas tieferes Wasser machen.

Wichtig bei allen Wasserspielen: das Kind niemals zu etwas zwingen, immer dabeibleiben, auch in der Badewanne; falls es einmal mit dem Kopf unter Wasser gerät und wenn es sich einmal erschreckt, sofort liebevoll trösten. Am besten probieren Sie alle Spielchen selbst aus, lassen sich mit Wasser besprengen, begießen, anduschen und so weiter und machen Ihrem Kind dabei vor, dass man auch fröhlich lachen kann, wenn man Wasser im Gesicht hat – vielleicht muss man ja zwischendurch ein paarmal kräftig prusten, wie ein Walross.

● **Mit dem Ball:** Treffen ist auch nicht gerade einfach.

• Sie sitzen Ihrem Kind gegenüber, mit gegrätschten Beinen. Lassen Sie einen Ball zwischen sich hin und her rollen. Je älter das Kind ist, desto größer darf der Abstand zwischen Ihnen sein.

• Dasselbe Spiel – allerdings etwas schwieriger – lässt sich auch mit geschlossenen Beinen machen: Der Ball wird an der linken und rechten Körperseite vorbeigerollt.

• Machen Sie mit Ihrem Körper eine Brücke und lassen Sie das Kind den Ball unter der Brücke durchrollen. Anschließend darf das Kind die Brücke machen.

• Hochwerfen und auffangen: Das ist eine schwierige Übung für das Kind. Sie müssen es ihm erst mal zeigen. Aber bitte nicht zu hoch, sonst verliert Ihr Kind sofort den Mut und mag es nicht nachmachen. Am besten werfen Sie den Ball nur bis zur Höhe Ihres Kopfes und fangen ihn dann mit beiden Händen wieder auf.

• Sie stehen sich gegenüber und werfen sich den Ball zu. Mit maximal einem Meter beginnen, sonst hat das Kind keine Chance, den Ball auch zu fangen.

Wenn Ihr Kind erst einmal den Ball aus kurzer Entfernung in einen Wäschekorb werfen kann, wird es später auch aus zwei oder drei Metern in einen Papierkorb treffen.